칭기스칸 역사기행

칭기스칸의 사계

일러두기

● 한자의 한국어 표기원칙

한자 문화권에 속한 중국과 일본의 역대 국명, 인명과 지명은 특별한 경우를 제외하고는 한국의 전통적인 표기방식에 따랐다. 그러나 한자로 음역된 유라시아-알타이어는 원음이 복원 가능한 경우 원음을 표기했다.

● 고전몽골어와 현대 할흐 몽골어 발음의 한국어 표기원칙

1. 몽골어는 모음조화 및 장단음의 구분이 명료한 언어이다. 특히 13세기의 경우 이러한 원칙이 철저히 준수되고 있다. 고대 몽골어를 라틴자로 표기할 때 U는 현대 할흐 몽골어의 짧은 '오'인 Y, O는 현대 할흐 몽골어의 깊은 '오'인 O의 음가를 나타낸다. 본서에서 사용된 13세기의 인명들은 『몽골비사(Monggol-un niqucha tobchiyan)』의 발음을 근거로 원음을 복원한 것이다.

   [예, 인명] Khubilai khagan: 쿠빌라이 카간(X) → 코빌라이 카간(○)

   ▶ Khubilai khagan(코빌라이 카간)의 현대 할흐어 표기는 위 원칙에 따라 Хубилай хаан(호빌라이 하안)이 된다.

2. 고대 및 중세 몽골어의 지명이나 인명을 한국어로 표기할 때 장모음을 명시했다.

   [예, 중세인명] bagatur: 바가토르 혹은 바아토르

3. 현대 할흐 몽골어를 한국어로 번역할 때 장모음을 표시하면 단어가 너무 길어지는 경향이 있어 일부 번역서에서는 장모음을 표시하지 않는 경우가 있다. 한국어에서의 장모음은 장단의 차이지만 몽골어에서는 뜻이 달라진다. 이렇게 현대 할흐 몽골어에서의 장모음은 하나의 뜻을 형성할 정도로 특수한 위치를 차지하고 있기 때문에, 본서는 몽골국립대학 및 몽골어학자 B.소미야바아타르(Сумъяабаатар) 선생이 제시한 몽골어의 한국어 표기법 원칙에 따라 장모음을 명시했다.

   [예, 현대지명] Улаанбаатар(bagatur): 울란바타르(X) → 올라안(앙)-바아타르(○)

   ▶ Улаан(古: Ulagan)처럼 ~н(n)으로 끝나는 단어나 문장의 경우 n[안], ng[앙]의 음가를 지니는데, 이는 한국어의 파란/파랑, 노란/노랑의 경우와 같다.

4. 현대 할흐 몽골어에서 Y는 짧은 '오', O는 깊은 '오'의 음가를 갖는다. 따라서 O는 "아와 오"의 중간발음에 가까운데, 역사적으로 몽골인이 살았던 탐라방언의 아래아(ᄋᆞ, ᄆᆞᆯ)와 같은 음가를 지닌다. 본서는 이러한 미묘한 차이를 구분하지 않고 몽골어학자 B.소미야바아타르(Сумъяабаатар) 선생이 제시한 몽골어의 한국어 표기법 원칙에 따라 Y와 O를 모두 '오'로 표기했다. 그리고 θ는 '어', Y는 '우', Ш는 시, E는 '예' 혹은 '여', Ё는 '요'로 표기했다.

5. 러시아연방에 속해 있는 부리야트 혹은 부랴트 공화국(Буряад Республика, 러시아어: Респу́блика Буря́тия)의 부리야트나 부랴트를 표기할 때에는 현대 할흐 몽골어의 발음에 따라 보리아드(Буриад, Buriyad)로 표기하기도 했다.

칭 기 스 칸   역 사 기 행

칭기스칸의 사계

박원길

보르칸 칼돈 가는 길. 하르가나의 숲속으로 질퍽한 진흙길들이 이어져 있다.

채륜서

이 책에는 시가 흐른다.

그대를
그리워하는
시가 흐른다.

필자는 1991년부터 현재에 이르기까지 칭기스칸과 관련된 지역을 답사하고 있다. 본서에 수록된 답사기행문은 2011년 5월과 9월 두 차례에 걸쳐 각 3주간의 일정으로 몽골과 중국, 러시아 지역에서 행해진 것이다. 필자는 이 여행에서 실로 셀 수 없을 정도로 많은 분들의 도움을 받았다. 그 분들에 대해 일일이 이름을 들어 고마움을 표해야 하는 것이 예이지만, 여기서는 여행의 성사에 절대적인 도움을 주신 몇몇 분만을 소개하는 것으로 그치고자 한다.

먼저 몽골국에서 우리의 여행에 도움을 주신 국립 올라안바아타르 대학 부총장 및 몽골 과학아카데미 역사연구소 S.촐몬Tsolmon 교수, 흉노 전공 고고학자인 몽골국립대학 D.에르덴바아타르Erdenebaatar 교수, 몽골 과학아카데미 고고학연구소 B.촉트바아타르Chogtbaatar 교수, 몽골장가협회장이며 몽골국 공훈가수, 국립 음악무용 대학 D.툽신자르갈Tubshinjargal 교수에게 감사를 올린다.

중국 내몽골에서 우리의 여행에 도움을 주신 하일라르 대학 소율마아Soyulmaa 교수 내외 및 헐런-보이르 민족역사문화연구원장이자 중국몽골학회 상무이사인 맹송림孟松林 선생에게 감사를 올린다.

러시아에서 우리의 여행에 도움을 주신 러시아 과학아카데미 부리야트(보리아드) 공화국 중앙아시아역사문화연구소 B.R.조릭투에프Zorigtuev 교수 내외 및 부리야트(보리아드) 인민작가이신 D.R.도르지에바Dorjieba 선생에게 감사를 올린다.

그리고 이 여행에 학문의 동반자로 나섰던 국립 올라안바아타르대학의 양혜숙 선생(동서교섭사 전공)에게도 깊은 감사를 드린다.

이 답사기행문은 원래 2012년에 출간될 예정이었지만 여러 사정으로 인해 연기되었다가 금년에야 출판이 가능하게 되었다. 필자는 이 여행기에 애정을 지니고 있다. 이 책의 출판을 맡아준 채륜서에 깊은 감사를 올린다.

성스러운 멜츠하이르항이 바라보이는
헤를렌 강변 오스틴덴즈 언덕에서
박원길 씀

차례

1부
칭기스칸의 눈빛을 따라

칭기스칸의 어린시절의 추억이 담긴 쳉헤르강

1장

사아리 케에르로 가는 길

– 칸의 영혼이 하늘로 올라간 곳

사아리-케에르 초원 바이싱틴 데르스 유적

5월에 초원으로 떠나는 자들

몽골초원을 이해하려면 초원에 꽃이 피는 5월 말에 가야 한다. 초원에 꽃이 피는 계절! 말만 들어도 가슴이 설레지 아니 하는가. 초원의 봄은 늦다. 9월부터 눈이 오고 얼음이 얼기 시작해 이듬해 5월 초까지 얼음이 남아있다. 때론 5월 중순에도 눈발이 날린다.

5월 하순이 되면 누런 초원에 초록빛이 돌기 시작하면서 3일 내로 꽃들이 피기 시작한다. 그리고는 곧바로 뙤약볕이 내리쬐는 여름이다. 때문에 꽃들은 비온 뒤 눈 깜짝할 사이에 우후죽순처럼 핀다. 하루 이틀의 차이가 이듬해 피어날 그들의 후손을 결정한다. 거대한 꽃 군락들이 곳곳에 무리를 이루어 세력권을 형성하면서 각양각색의 색깔로 피어오르는 모습은 일대 장관이다.

이렇듯 몽골의 초원에서는 속도가 생명이다. 봄에 피는 꽃들은 초원에 사는 사람이나 가축들의 삶도 그렇다는 것을 상징한다고 보아도 좋다. 또 5월은 또 하나인 속도인 바람이 춤을 추는 계절이다. 이 때문에 몽골을 오가는 국제선 비행기들도 결항이 잦다. 5월 24일에 우리와 합류하기로 한 동행자 한 분이 하루 늦게 온 것도 바람 때문이다.

우리가 5월 하순을 여행 출발의 시기로 삼은 이유는 또 하나가 있다. 그것이 초원의 속도전에서 절대 빼놓을 수 없는 모기이다. 초원에서 가장 짙고도 강렬한 공포가 '황색 연기(모기떼)'이다. 이들은 초원의 야망인 늑대까지도 통제한다. 더욱이 몽골초원의 모기는 7월 10일부터 8월 10일까지 '여름의 저주'라고 불리는 캄차카의 모기보다 더 긴 기간을 지배한다. 서부지역 사람들은 모기를 노란 늑대란 뜻의 샤르 얼럭친Шар өлөгчин이라 부른다. 초원의 모기에 대해서는 후에 다시 상술할 것이다.

우리가 떠나는 계절엔 꽃과 바람이 있고 모기가 없다. 우리가 가는 동부지역엔 바람의 산이란 뜻을 지닌 '살히트 오올Салхит уул'이 많다. 우리들 마음속의 바람은 어디서 불어오는 것일까. 무엇이 우리들을 기다리기에 칭기스칸을 향한 그리움의 바람이 이렇게 쉴 새 없이 몰아치는 것일까. 바람의 산을 따라가다 보면 칭기스칸이 숨 쉬는 그 시대의 역사의 속으로 들어가겠지.

우리 일행은 모두 4명이며 차 한 대로 떠난다. 몽골에서는 홀로 떠나는 전사를 "간츠 모리토이 체렉ганц морьтой цэрэг"이라 한다. 매우 용감하다는 뜻이지만 너무 무모하고 몹시 위험하다는 뜻도 함축하고 있다. 우리의 전마戰馬는 하나뿐이다. 이 소식을 듣자 우리의 여행준비에 큰 도움을 주었던 몽골국 과학아카데미 고고학연구소 촉트바야타르 교수와 국립 올라안바아타르Улаанбаатар 대학 촐몬 교수는 걱정을 했다. 흉노 전공 고고학자인 에르덴바아타르 교수는 떠나는 우리들을 위해 우유를 하늘로 뿌리며 이렇게 말했다.

칭기스칸의 꿈과 길을 향해 떠나는 저들에게 행운만이 깃들기를!

2011년 현재 몽골은 러시아의 석유수출 중단조치로 인해 전국적으로 휘발유가 부족한 상태이다. 수도인 올라안바아타르에서는 차 1 대당 20ℓ 제한 급유가 이루어지고 있는데, 지방의 경우 그 상태조차 파악되지 않고 있다. 이러한 상황에서 우리는 고대 칭기스칸의 결사군단처럼 단 한필의 말을 타고 돌아올 수 없는 길을 떠났다. 역사에 새겨진 텡게리 벨렉 템덱Тэнгэр бэлэг тэмдэг(하늘의 상징)을 찾아 떠나는 이 여행은 사실 매일 텡게리 엘친Тэнгэр элчин(하늘의 사신)이 등장하여 도움을 주어야만 가능할 정도로 행운이 뒤따라 주어야 한다.

우리는 이번 역사여행에서 몇 개의 숨겨진 역사의 비경秘景을 찾으려 한다. 그래서 여행의 목표지점을 당시의 몽골인들이 칭기스칸의 영혼을 하늘로 올려 보냈던 사아리 케에르Sa'ari Ke'er, 고대 코리족과 몽골족의 전설이 깃든 보르칸 칼돈Burkhan Khaldun 산, 칭기스칸의 눈물과 고뇌 및 꿈과 야망이 흐르는 '푸른 호수Köke nagur에서 헐런-보이르 호수Kölen Buyur nagur로 가는 길' 등 크게 3곳으로 정했다.

어제부터 부슬부슬 내리는 비로 길은 곳곳이 물웅덩이고, 날도 우중충해 사방이 어두침침했다. 깊고 짙은 우려가 엄습해 오는 가운데, 우리는 영원한 하늘의 가호를 구하면서 올라안바아타르에서 서남쪽으로 35km에 위치한 옹칸Ongkhan의 카라툰Khara Tün 유적지로 향했다.

카라툰의 옹칸

카라툰은 칭기스칸의 세계로 들어가는 시간여행의 첫 출발점이다. 유라시아 초원지대에는 만주로부터 헝가리에 이르는 거대한 초원의 고속도로가 이어져 있는데, 카라툰은 바로 동부 요충지에 해당되는 곳이다. 이곳을 거치지 않고는 그 누구도 몽골고원의 동부나 남부로 갈 수 없다. 즉 초원의 역사에서 심상치 않은 곳이란 뜻이다. 그러나 오늘날 카라툰 유적지의 존재나 그 의미를 아는 몽골인들은 거의 없다.

왜 그럴까. 몽골은 1990년 민주화 이후 국가 중점정책으로 ① 칭기스칸의 부활 ② 문화의 부활 ③ 문자의 부활 ④ 실크로드의 부활을 선언했다. 그 때문인가 칭기스칸의 동상은 곳곳에 넘쳐난다. 공항까지 보얀트 오하아Буянт ухаа(행복의 언덕)에서 칭기스칸으로 이름을 바꾸었다. 그러나 정작 칭기스칸의 향기가 흐르는 곳은 철저히 방치되고 외면되어 있다. 역사를 기억하지 못하는 인간이나 민족은 반드시 망한다는 것이 고금의 진리이다. 지금 내리는 비는 마치 그 누구의 눈물처럼 처연하게 내린다. 역사에 눈 감은 자들을 위한 하늘의 눈물일까 아니면 우리가 만날 옹칸의 눈물일까.

오후 3시 20분 차는 비행장 뒤편에 자리 잡은 송긴하이르항Сонгино хайрхан 산의 계곡 입구를 지났다. 토올Туул 강이 서남쪽으로 흘러가는 곳에 위치한 이 산은 제사 때 잔인한 피의 제전이 행해지는 험악한 산으로 '야생마늘의 성산'이란 뜻을 지니고 있다. 이 협곡을 지나면 그야말로 드넓은 초원이 나타난다. 정말 가도 가도 양탄자처럼 아주 평탄한 초원이 펼쳐진 곳이다. 여기에 바로 옹칸의 본영인 카라툰이 자리 잡고 있

카라툰

다. 카라툰의 존재는 전설처럼 떠돌다가 지금은 돌아가신 고고학자 나와앙Habaah 교수가 2006년에 발굴해 그 위치가 처음 확인되었다.

카라툰은 헨티산맥의 마지막 줄기인 복드산이 끝나는 지점에 자리 잡고 있다. 오늘날의 올라안바아타르는 바얀주르흐(동), 송긴하이르항(서), 복드(남), 칭겔테이(북) 등 4개의 산으로 둘러싸인 분지로 그 도시의 역사는 몽골이 라마교의 세계로 들어간 이후인 1719년부터 시작되었다. 고대에 이곳으로 들어가면 그야말로 포위된 형세이기 때문에 모두가 꺼리는 길이다. 초원의 고속도로는 복드산의 남쪽 길을 통해 남북으로 이어진다.

초원에 위치한 유적은 올 때마다 스스로 위치를 바꾼다는 착각을 불러일으킬 정도로 찾기가 몹시 힘들다. 40여 분을 찾아 헤매다가 드디어 찾았다. 이때 뻐꾸기가 울었다. 비오는 카라툰의 전경, 샤만들의 기원이 가득 찬 이곳, 아직도 사방에 옛 성벽의 흔적이 둔덕의 형태로 희미하게 남아 있다. 수많은 까마귀 떼가 비를 맞으며 사방에 앉아 있었다.

카라툰이란 검은 숲이란 뜻으로 지금은 쓰지 않는 고대어이다. 이 지역 토박이들은 이곳을 하르 쇼고이Хар шугуй라고 부르는데 뜻은 '검은 숲'이다. 그러나 세밀히 말하자면 쇼고이шугуй, sigui는 '강 언저리를 따라서 난 버드나무 삼림지대'를 뜻한다. 그래서 '쇼고이치 헤레에шугуйч хэрээ'라고 하면 바로 그러한 숲에 사는 까마귀를 말한다. 까마귀, 바로 옹칸의 부족이 '까마귀들'이란 뜻을 지닌 케레이드Kereyid이다. 아마 까마귀를 토템으로 했던 부족이었을 것이다. 지금도 그 옛날의 전설처럼 까마귀가 이곳을 지킨다. 마음이 아려왔다.

칭기스칸의 의부였던 옹칸은 자기가 평생 저주했던 서부 알타이 지역의 나이만Naiman 부족에게 잡혀 머리가 잘려 죽은 비운의 인물이다. 이 카라툰엔 옹칸과 칭기스칸의 눈빛이 겹쳐 흐른다. 카라툰은 옹칸만이 아니라 1225년 칭기스칸의 가을야영지이기도 했다.

칭기스칸은 옹칸의 생전에 이곳에 두 번 왔다. 첫 번째는 버르테Börte와의 결혼 후 버르테의 예물인 검은 담비털 외투를 들고 와 옹칸에게 바치며 아버지라 부르면서 예수게이Yesügei의 예속민을 찾아달라고 애원했던 방문이다. 옹칸은 칭기스칸의 아버지인 예수게이와 안다Anda 즉 의 형제를 맺은 사이이다. 당초 비빌 곳이 옹칸 밖에 없었던 칭기스칸으로는 이 방문이 미래를 향한 유일한 빛이자 출구였다. 그러나 옹칸은 예물만을 받고 아버지라고 부르는 것은 인정하지 않았다. 두 번째는 1196년 칭기스칸이 이곳에 와서 옹칸과 정식으로 부자의 맹약을 맺었는데, 이것을 역사용어로 '검은 숲의 맹약' 즉 카라툰의 맹이라고 한다. 물론 칭기스칸의 강압에 의한 부자의 맹약이었다.

몽골의 공훈가수인 툽신자르갈 교수가 옹칸과 칭기스칸을 위해, 또 우리여행의 안전을 위해 멍케 텡게리Möngke Tenggeri(영원한 하늘)를 향해 술과 제물을 올리는 의례를 행했다. 그리고 1990년 몽골의 민주화 이전에 감옥 갈 각오를 하고 불렀던 '에젠 칭기스Ejen Chinggis'라는 노래를 올렸다. 몽골장가라 불리는 이 음이 긴 노래를 빗속의 까마귀들이 말없이 듣고 있었다. 노래가 끝나자 비 내리는 카라툰에 옹칸을 그리워하는 무수한 까마귀 떼가 날아올랐다.

이날 밤 우리는 운 좋게 치료 휴양소인 엥흐사란 엠녤렉 소비랄Энхсаран эмнэлнэг сувилал에 들려 숙소(게르)를 잡았다. 이날 우리는 이리저리 머물 곳을 찾아 헤맸는데 꼭 그 때마다 뻐꾸기가 울었다. 그 소리를 따라 간 곳이 바로 오늘의 숙소였다. 당시 우리는 몰랐지만 이후에 알았다. 이미 위 하늘에서 정해진 운명처럼 우리의 여행에 뻐꾸기 선생의 동행이 시작되었는데, 뻐꾸기 소리는 하늘의 사신이 온다는 의미였다.

이 치료 휴양소는 말젖으로 심신을 치료하는 곳이다. 휴양소 옆에 말젖술의 명산지로 알려진 어워르항가이 아이막에서 온 목민이 게르를 치고 말젖술을 생산한다. 그가 말젖을 짜면 휴양소에 머물고 있는 사람들은 컵을 가자고 가 받은 말젖을 생으로 마시기도 한다. 아직은 철이 아니라 그도 오지 않았고 휴양소에도 사람이 적었다. 말젖의 질은 풀과 물에 좌우되는데 이곳에 치료휴양소들이 있다는 것은 고대의 카라툰이 말젖술의 명산지라는 것을 알려주는 것이다.

참고로 말젖의 채유는 6월 하반기부터이며 채유기간은 2~3개월이다. 채유는 하루에 5~6번 이루어지며 마리 당 한번 채유량은 200~300g이다. 말젖을 짤 때에는 말 뒷다리 한쪽을 끌어안고 짜야만 뒷발에 차이는 것을 방지할 수 있다. 몽골에서 말젖술이 유명한 곳은 텁 아이막의 바얀언주울Баян-Өнжүүл 솜과 세르겔렌Сэргэлэн 솜, 볼강 아이막의 바얀악트Баян-Агт 솜과 사이항Сайхан 솜, 어워르 항가이의 하르호린Хархорин 솜과 돈드고비 아이막의 일부 지역이다.

우리가 이곳에 머물게 도와 준 여인이 툽신자르갈 교수와 같은 고향인 오양가Уянга라는 이름의 어여쁜 아가씨였다. 우리가 올해 이 게르의 첫 손님이다. 게르에 들어가 불을 피우니 게르의 펠트 속에서 월동한 파리들이 새까맣게 나왔다. 이 파리들은 우리가 문을 열어 추위를 부르자 다시 펠트 속으로 숨어들어가는 교활한 행동을 했다. 잠자기 전에 우리는 오늘을 무사히 마치게 해준 하늘을 향해 고수레를 행했다. 이러한 의식을 몽골어로 '어르거흐eprex'라고 하는데 주로 술이나 유유를 은잔에 담아 하늘에 뿌린다.

은잔은 독약을 알아채는 영리한 동반자다. 이 의식은 주로 나의 은잔을 통해 행해졌는데, 이 은잔은 몽골의 역사학자인 촐몬 교수가 이전 내가 지방으로 떠나는 날 나에게 준 것이다. 그가 나에게 선물로 줄 때 이렇게 말하며 주었다.

먼 길을 가는 용사여, 이 행운의 은잔과 함께 가소서!

만약 몽골을 여행할 경우 여러분도 은잔을 가지고 가시길 바란다. 은잔으로 고수레를 하거나 술을 권할 경우 존중을 받는다.

비는 그치고 바람이 분다. 이곳의 별은 새벽 3시에 가장 아름답게 빛난다고 한다. 카라툰의 밤은 말없이 깊어갔다. 왜 옹칸은 역사의 버림을 받았던 것일까. 그는 1203년 칭기스칸과 대결을 벌이기 전에 이 말을 했다.

하늘은 우리를 가호하지 않을 것이다.

왜 스스로를 한탄했을까. 그것은 그가 지나온 인생의 길이 설명해 줄 수밖에 없다. 고대 몽골족의 영웅이었던 코톨라칸Khutula Khan은 그를 다음과 같이 평했다.

옹칸은 자기의 형제들을 죽이고
빛나는 부족의 깃발들을 피로 물들인 자이다!

아침에 이곳을 떠나면서 잘생긴 얼굴에 앳된 미소가 흘러넘치는 오양가에게 고맙다는 인사를 했다. 그러자 그는 자기 고향의 인사인 "촌식 야바래!"라고 하면서 손을 흔든다. 그 뜻은 "늑대처럼 살펴 가소서!"라는 뜻이다. 이 뜻은 '한번 가면 다시 돌아올 수 없다'는 고대 몽골의 작별 인사와도 일맥상통한다. '서정'이나 '서정적인 선율'이란 뜻의 오양

가는 우리가 이번 여정에서 최초로 만난 텡게리 엘친(하늘의 사신)이었다. 이곳을 떠나갈 때 뻐꾸기가 울었다.

복드산의 남쪽 길과 만조시르 라마사원

복드산의 남쪽을 통해 남북으로 오가는 길은 칭기스칸이 다녔던 역사의 길이다. 또 칭기스칸이 1227년 육반산六盤山에서 죽은 뒤, 유체와 영혼이 흰 낙타의 달구지에 실려 영혼의 안식처로 향하는 사아리 케에르로 가기 위해 지나갔던 그의 마지막을 장식한 길이기도 하다. 매복이 불가능한 매우 광활한 초원의 길로 헤를렌 강이 나오는 아르호스틴암 Архустын ам까지 그대로 이어져 있다.

우리는 남쪽으로부터 북쪽으로 올라간다. 가는 길에 어제 보았던 카라툰 옹칸 행궁터가 보였다. 그리고 계절이동 중인 목민일가가 그곳을 지나는 것을 보았다. 이사하는 목민과 만나면 재수가 좋다고 해서 그곳으로 갔다. 목민의 이름은 '평화와 안정'이란 뜻의 엥흐톱신Энхтүвшин이다. 그는 카라툰에 버헉 투르게니골Бөхөг Түргэний гол이 흘러들어온다고 하면서 이 강은 우리가 가는 복드산에서 발원한다고 했다.

목민일가와 헤어져 북상하는 도중 '달빛의 장식'이란 뜻의 사란치멕 Саранчимэг이라는 한 미모의 여인을 태웠다. 몽골여행에서는 지리정보가 중요하기 때문에 되도록이면 현지인을 태워 도움을 받는 경우가 많다. 복드산의 남쪽에 차가 다닐 수 있도록 길이 만들어진 것은 극히 최근의 일이다. '달빛의 장식'은 올라안바아타르와 조온모드Зуунмод로 가는 분기점에서 내렸다. 초원의 길은 무수한 갈래로 나누어지며 또 합쳐지기도 한다. 우리도 여행길에서 기록에 남기지 못한 무수한 만남과 헤어짐이 있었다. '달빛의 장식'이 바로 그 첫 시작이었다.

돌궐 석인상으로 유명한 만조시르Манзушир 사원은 우리가 가는 길인 복드산의 남쪽 삼림지대에 위치해 있다. 이곳에는 모두 5기의 돌궐 석인상들이 있다. 아마 칭기스칸도 카라툰의 옹칸을 만나러 가는 도중에 이 돌궐의 유적지를 들렸을지 모른다. 사원 입구의 삼림지대에는 아직도 얼음이 녹지 않고 쌓여 있었다. 그때 뻐꾸기가 울었다. 사원에 들어가니 서서히 꽃들이 피어나기 시작했다.

만조시르 사원의 돌궐석인상

이 사원에는 박물관이 있는데 '성스러운 등불'이란 뜻을 지닌 아리온졸Ариунзул이란 이름의 여인이 관리자였다. 그녀는 수필가로서 톱신자르갈 교수에게 2010년 출판한 자신의 수필집 『같은 운명』을 선사했는데, 말투가 분명하고 단호했으며 매우 똑똑했다. 그러나 인생은 그 누구도 알 수 없듯이, 대학에서 강의하면 가장 잘 어울릴 것 같은 그녀는 이곳에서 남편 및 딸, 개 한 마리와 함께 조용히 살고 있었다. 그녀는 우리에게 칼국수를 끓여 주었다.

이 사원을 통해 복드 산의 정상(2268m)에 올라가면 산 정상에 독수리의 형상을 한 거대한 바위가 있다. 또 그곳에 조그만 라마사원도 있다. 이 복드 산은 이전 위구르 제국의 성산이기도 했다. 위구르제국이 당나라 측에 자신들의 한자표기를 회흘回紇이 아닌 회골回鶻로 표기하도록 요청한 것도 바로 이 산 때문일 가능성이 높다. 오늘날 올라안바아타르시의 상징이 바로 이 새의 이름을 딴 항가리드 불사조이다. 만약 이후 올라안바아타르를 가시는 사람들은 힘들여 먼 곳을 가지 말고 이 산을 등산해 보라. 복드 산의 정상에 올라가 바위로 변한 하늘의 새, 불멸의 항가리드를 보라. 복드 산은 둘레가 100km에 달하는 거대한 크기의 산으로 설악산과 같은 매력과 함께 곳곳에 고분 등 각종 역사 유적을 지니고 있다.

초원의 무지개처럼 떠있는 아노다라의 눈빛

우리는 문수보살이라는 뜻의 만조시르 사원을 떠나 테렐지 산과 복드 산의 틈새 앞에 거대하게 펼쳐진 날라이흐Налайх에 도착했다. 원래 이곳의 원명은 '비탈진 언덕'이란 뜻의 '날로오 오하아Налуу ухаа'였지만 어느 때부터 날라이흐로 바뀌었다. 돌궐의 명장 톤유쿠크의 비문이 있는 날라이흐는 "온화하거나 조용하다"는 뜻이지만, 이곳에서 일어난 역사는 전혀 온화하거나 조용하지 않았다. 한국에서 톤유쿠크는 닫힌 사회는 망하고 열린사회만이 영원하리라는 다음과 같은 초원의 명언으로 되살아난 인물이다.

성을 쌓고 사는 자는 반드시 망할 것이며
끊임없이 이동하는 자만이 살아남을 것이다.

그의 말은 중원의 문물에 찢겨지기 시작했던 돌궐의 역사를 그대로 보여주고 있다. 바로 이 지역에는 그에 못지 않는 또 다른 슬픔의 인물이 있다. 그가 바로 최후의 몽골 유목제국인 준가르제국 갈단칸Galdan Khan(1644~1697)의 카톤인 아노다라Anu Dara이다. 몽골인들의 이 여인에 대한 사랑은 자신의 딸에 그의 이름을 붙일 만큼 눈물겹지만 정작 그 여인이 죽은 곳은 모른다. 지금 거대한 칭기스칸의 동상이 서 있는 곳의 길 건너 맞은편 벌판이 바로 아노다라가 죽은 곳이다.

준가르 제국의 갈단칸은 병자호란 이후 조선의 연행록에도 자주 등장할 만큼 조선의 통치세력들에게도 주목을 받았던 인물이다. 그는 동아시아의 패권을 놓고 1690년 8월 강희제와 북경 북쪽에 위치한 '붉은 안개'란 뜻을 지닌 올라앙보당Ulagan Budang에서 일대혈전을 벌였다. 이 전투에서 패배한 갈단칸은 몽골고원으로 후퇴했고 강희제는 그를 쫓아 1696년 봄에 바로 이곳까지 왔다. 갈단칸의 곁에 항상 서 있었던 인물이 아노다라였는데 할머니가 몽골여인이었던 강희제는 자신도 몽골피를 이어받았음에도 불구하고 그 여인을 아주 증오했다. 그리고 전투에 앞서 주변의 장군들에게 이렇게 말했다.

저년의 가슴에 폭탄을 박아라!

아노는 서부몽골족인 오이라드 출신으로 원래 갈단칸의 형수였다. 당시 갈단은 티베트에서 수도를 하고 있었는데 형인 셍게가 피살되자 돌아와 복수의 칼을 잡았다. 그러자 아노는 시동생에게 재출가했다. 뛰어난 미모와 총명을 지닌 갈단칸의 충실한 조력자 아노다라는 1696년 6월 15일 테렐지Тэрэлж에서 청군과 전투 중 전사했다.

테렐지 내부의 경치

아노를 사랑했던 갈단칸은 1697년 홉드 근처의 알타이산중에서 독을 마시고 스스로 생명을 끊었다. 그와 최후를 같이 했던 군사들의 후예가 오늘날 참바가라브Цамбагарав(4193m) 산 주변의 어얼드θθлд족이다. 아노와 갈단칸에 대한 그들의 사랑과 자부심은 오늘날에도 변함이 없다.

참바가라브산은 눈물로 이루어진 벽!
잡항강Завхан гол은 죽음으로 들어가는 슬픔의 문!
이시иш로 장식된 설움의 목걸이를 걸고
그는 영원의 쉼터로 떠나는 독배를 들었다.

그대 떠난 날 비가 흩날렸고
남겨진 자들의 가슴엔 그리움과 슬픔의 바람만이 불었다.
아! 님은 갔다.
우리의 사랑이 갔다.

이시란 말안장의 가죽끈ганзага을 말한다. 그녀가 죽은 날라이흐의 초원은 '백 그루의 나무'가 있다는 뜻의 조온모드зуунмод로 기록되어 있다. 그러나 오늘날 이곳은 테렐지라는 이름으로 더 잘 알려져 있다. 테렐지란 "진달래"라는 향기로운 약초의 이름이다. 아노다라의 사연을 아는 사람들이 만약 테렐지에 온다면 아름다운 진달래꽃과 같은 그 여인이 어른거려 잠 못 이룰지도 모른다. 아노다라는 늘 이렇게 말했다.

분열보다 더 나쁜 것은 없다.

바로 몽골은 분열 때문에 자멸해갔다. 오죽했으면 누르하치도 다음과 같은 말을 했을까.

몽골인들은 하늘을 떠도는 조각구름들이다.
그 구름들이 뭉치면 누구도 막을 수 없는 비가 내린다.

누루하치가 1616년 후금을 건립할 당시 몽골인들은 만주의 눈강 일대에서부터 내외몽골, 신강, 중앙아시아, 청해, 티베트에 걸쳐 크고 작은 세력을 형성하고 있었던 강대한 무력집단들이었다.

붉은 야생말의 기슭

아노다라가 죽은 곳에서 계속 북상하면 보석이란 뜻을 지닌 에르데네Эрдэнэ 솜이 나온다. 몽골인들이 사랑하는 서정시인 나착도르지Нацагдорж(1906~1937)의 고향이다. 헤를렌강을 건너지 않고 이곳에서 동쪽으로 나갈 경우 길이 두 갈래로 나누어지는데 하나는 지름길인 산길이고 하나는 빙 둘러 가는 초원의 길이다. 우리가 가는 길은 '북쪽에 자작나무가 있는'이란 뜻을 지닌 아르호스트Архуст 솜으로 가는 초원의 길이다.

이 길을 따라 북상하다보면 '야생말의 산기슭'이란 뜻을 지닌 콜란 코시온Khulan Khoshigun, 忽蘭忽失溫 산이 나온다. 바로 이 산기슭에서 1414년 6월 7일 명나라의 영락제와 서부몽골 오이라드부의

마흐무드가 혈전을 벌였다. 영락제의 2차 원정에 해당하는 이 전투에서 과연 누가 이겼을까. 중국 측 역사서인 『명사』에는 당연히 영락제의 대승으로 기록되어 있고, 몽골 측은 아예 기록 자체가 없다. 혹시 진실을 알려주는 제3자의 기록은 없을까. 놀랍게도 이 전쟁의 승패는 조선 측 기록에 수록되어 있다.

헤를렌강이 북쪽에서 흘러와 동쪽으로 방향을 트는 멜츠하이르항(Мэлц хайрхан) 성산.
콜란 코시온 산은 이 지역의 어느 한 봉우리라고 추정되고 있다.

당시 조선의 세계를 보는 눈과 정보를 알려주는 이 기록에 대해 약간 전문적인 설명을 덧붙여 소개해 보고자 한다.

명나라 영락제의 다섯 차례 몽골원정과 전투마다의 승리는 세계 각국의 역사 교과서에 모두 수록되어 있다. 그런데 『조선왕조실록』 「태종 14년 9월 19일」조에는 명나라 영락제 2차 원정에서 명나라 50만 대군이 서부 몽골 오이라드瓦剌의 마흐무드의 군대에게 패했다는 기록이 실려 있다.

> 요동인이 모두 말하기를, 왕사王師가 북인北人과 전투를 벌일 때 북인이 복병을 숨겨 두고 거짓 패하여 달아나니, 왕사가 복병이 있는 곳까지 깊이 들어갔다가 그 뒤가 끊겨 여러 겹으로 포위당하였다. 황제가 화약으로써 포위를 뚫고 나와서 밤낮으로 달려서 돌아왔다.

이는 『명사』를 비롯한 기존의 중국 문헌기록들이 모두 진실을 숨기고 있다는 것을 말해주는 것과 같다. 이렇게 조선이 북방관계 정세를 소상히 파악하고 있다는 것은 당시 북방정세에 정통한 인물들이 정부요직에 포진되어 있다는 사실을 암시해 주고 있다.

태종은 1402년에 세계지도인 혼일강리역대국도지도混一疆理歷代國都之圖를 만들었는데, 권근權近의 발문을 보면 김사형金士衡과 이무李茂는 지도 제작을 기획하였고, 실무는 이회李薈가 한 것으로 나타난다. 특히 이회가 그 전에 조선팔도도를 제작한 것을 감안하면 혼일강리역대국도지도의 실제 주역은 이회라고 할 수 있다.

바로 이회는 외손인 이승소李承召의 문집인 『삼탄집三灘集』에 의하면 대원제국에서 탐라군민상만호耽羅軍民上萬戶를 지닌 이장李莊, 이영수李英秀의 후예로 몽골과 관계가 있는 인물이며, 이회 자신은 견문기는 남기지 않았지만 이방원과 함께 남경까지 여행한 인물로 나타난다. 남경에서 이회는 이후 황제로 오르는 영락제로부터 귀재라는 칭송까지 받았다.

즉 이회의 집안이나 행적, 혼일강리역대국도지도의 제작과 『조선왕조실록』의 기록 등을 종합해 볼 때, 조선 태종의 대외인식과 정보력이 어디에 근거했으며 또 그 수준이 어느 정도였다는 것이 명확히 나타난다.

이렇게 야생말의 산기슭에는 조선의 눈빛도 숨어 있다. 역사를 바로 보는 민족이야말로, 또 그것을 직시하는 지도자야말로 나라를 유지하고 통치할 자격이 있는 것이다.

사아리 케에르의 갈로오트 행궁

야생말의 산기슭을 지나 아르호스틴암을 거쳐 사아리 케에르로 향했다. 사아리 케에르란 '말 엉덩이의 초원'이란 뜻이다. 현재의 지형조건에서 사아리 케에르로 들어가기 위해서는 반드시 철도역의 건널목을 통해야 한다. 해는 점점 지고 있다. 철도역에는 역장의 관사가 있는데 역장의 장인이 소소르바람Сосорбарам이라는 노인이다. 관사에는 개 7마리와 이름 모를 한 여인을 빼고는 아무도 없었다. 그 여인이 말하기를 소소르바람 노인은 초원에서 방목 중이라고 했다.

우리는 관사의 사람들과 안면이 있는 사이인지라 한참을 달려 소소르바람 노인을 만났다. 그리고 소소르바람 노인과 인사를 나눈 뒤 한참을 달려 톱신자르갈 교수의 절친한 친구가 책임자로 있는 볼락타이 소비랄 철도공무원 치료휴양소에 도착했다. 치료휴양소의 명칭인 볼락타이 소비랄Булагтай сувилал은 샘이 있는 치료휴양소라는 뜻이다. 숙소는 너무나 깨끗했고 음식도 매우 만족스러웠다. 한국어를 아는 직원도 있었다. 그 날 저녁 보드카를 담은 나의 은잔이 밤늦도록 돌았다. 은잔이 도는 사이의 어느 때인가부터 비가 창문을 적시며 흘러내리기 시작했다.

5월 27일 아침 일찍 눈을 떴다. 새벽인데도 환한 대낮과 같았다. 오직 개들만이 다닐 뿐이었다. 아침을 먹고 사아리 케에르에 위치한 칭기스칸의 여름 행궁인 갈로오트Галуут 행궁을 찾아 나섰다. '기러기의 행궁'이라는 뜻을 지닌 갈로오트 행궁은 당시의 몽골인들이 에젠 칭기스칸의 영혼을 하늘로 올려 보낸 눈물의 행궁이기도 하다. 나는 이 행궁이 야말로 칭기스칸의 야망과 기쁨이 점철된 곳이라고 믿는다. 최소한 그의 인생길에서 그의 마음을 아프게 하는 슬픔이 이곳에서 발생했다는 기록을 찾아 볼 수 없었기 때문이다.

사아리 케에르는 광대한 초원이다. 오늘날에는 이 초원지대를 버어럴주우트Бөөрөлжүүт라고 부르는데, 언제부터 그 이름이 생겼으며 그 뜻이 무엇인지는 아무도 모른다. 이 지역 사람들은 갈로오트 행궁을 "건물이 있었던 갈대밭"이란 뜻의 바이싱틴 데르스Байшинтын дэрс라 부른다. 초원의 입구에 들어서자 붓꽃이 만발한 보랏빛 초원이 펼쳐졌다. 그리고 한참을 가자 보랏빛 초원은 지고 데르스 갈대숲이 멀리 나타나기 시작했다. 뻐꾸기가 울었다.

그리고 어느 한 목민 게르 한 채가 눈에 띠었다. 광활한 초원에 외

터머르 바아타르와 아디야 부부

로이 위치한 그 게르로 차를 몰았다. 알 수 없는 운명은 그렇게 시작되었다. 그 집의 여주인은 이름이 아디야 이며, 바얀홍고르 에르데네촉트 Эрдэнэцогт 솜 출신이다. 그가 바로 "기러기 강의 궁전"이란 뜻을 지닌 갈로오트 행궁의 실질적인 주인이었다. 사연은 이랬다.

먼저 집에는 안주인과 막내딸 및 손자 2명이 있었다. 남편이름은 터머르 바아타르Төмөрбаатар(1953년생)이고 부인은 아디야Адьяа(1959년생)이며 6녀 2남을 두었다. 막내딸의 이름이 "마지막 운명"이란 뜻을 지닌 오트공 자야Отгонзаяа였다. 아디야가 들려준 내력은 다음과 같다.

바얀홍고르 사람들인 이들 부부는 2007년 이곳으로 이주했다. 그리고 2008년 12월 2일 바이싱틴 데르스를 유목지로 허가 받았다. 당시 이곳에 유목하는 사람들이 없었기 때문에 손쉽게 허가받았다고 했다. 「가족이 공동으로 이용할 목적으로 땅을 점유하는 권리 증명서 제0193161호」란 허가증을 보여주었다.

바이싱틴 데르스는 하와르자아xaвaржaa(봄유목지), 조슬랑зуслан(여름유목지), 나마르자아нaмaржaa(가을유목지)를 모두 겸하며 4월부터 11월까지 이곳에 머문다. 어벌저어өвөлжөө(겨울유목지)는 아르호스트에 있는 누후트нүxт이다. 이들은 암소 2마리, 말 4마리, 염소·양 150마리로 유목하고 있다. 이들은 바양홍고르에 있을 때 낙타를 제외하고 200마리로 유목을 했으며, 이곳으로 이주할 때 모두 팔았다고 했다. 이곳에 와서는 가축 25마리로부터 시작하여 현재에 이르렀다고 했다. 칭기스칸의 행궁인 바이싱틴 데르스는 주인이 없어 인수했다고 했다. 이 지역의 역사는 50세 정도의 에르덴바야르Эрдэнэбаяр라는 인물이 잘 알고 있다고 했다. 또 아르호스트 솜은 홉드 등 전국에서 모여든 사람이 살고 있다고 했다.

첫 만남부터 칭기스칸의 행궁인 바이싱틴 데르스의 주인을 만난 것 자체가 이후 벌어질 극적인 운명을 예시하는 것 같았다. 아디야와 함께 10시 40분부터 12시 40분까지 행궁터를 둘러보았다. 1414년 영락제의 북정에 종군했던 김유자金幼孜의 『후북정록後北征錄』에는 사아리 케에르 행궁이 칭기스칸이 여름을 지낸 곳이며, 자신이 직접 칭기스칸이 머문 성터의 흔적과 함께 하늘과 땅에 제사 드린 곳을 보았다는 기록이 실려 있다. 또 주변의 정황묘사가 되어 있는데 행궁을 입증하는 가장 중요한 포인트가 행궁 주변에 위치한 소금호수의 존재이다.

우리는 그 소금호수를 찾아 나섰다. 비가 올 때 행궁 주변은 통행이 어려운 늪지로 변한다. 소금호수로 가는 길도 마찬가지이다. 초원에 내리는 비는 고맙지만 이곳에 내리는 비는 사방을 늪지로 만든다. 그래서 데르스의 초원인 것이다. 어제 비가 내렸지만 지금은 제법 건조하여 가는 길이 매우 좋았다. 호수에 가까워지자 손도올сундуул(늪지에 솟아있는 작은 흙무더기 풀 봉오리들)로 가득 찬 늪지를 건넜다. 가는 길에 낙타에 물을 싣고 가는 소년도 만났다.

소금호수에 도착했다. 현재 소금호수는 '백색의 호수'라는 뜻의 차가앙 노오르Цагаан нуур라 불린다. 또 이 호수는 주변에 치료가 잘 되기를 기원하는 서낭당의 존재에서도 나타나듯이 치료효능이 높은 진흙호수이다. 소금호수의 한 가운데 부분에서는 식용이 가능한 탄산수가 샘솟는다.

칭기스칸의 전설이 어린 차가앙 노오르

우리는 이곳에서 말치는 청년 2명을 만났다. 한 청년은 고대 몽골의 전사처럼 예사스럽지 않는 날카로운 눈빛을 지니고 있었다. 이들은 말잡이용 긴 오오르가yypra를 들고 있었는데, 우리를 위해 탄산수가 나오는 샘물로 가서 물을 떠왔다. 샘물은 몽골어로 볼락бyлаг, 샹드шанд, 부르드бyрд라고 하며 우물은 호닥xyдаг이라 하는데, 정착민보다 더 복잡한 분류체계를 쓰고 있음을 주목할 필요가 있다. 초원의 생명은 바로 물에 달려 있다.

소금호수인 앞에는 치료효과나 입욕하는 방법 등을 적은 큰 표지판이 서있는데, 마지막 구절이 가장 마음에 닿는다.

건강한 신체에 뛰어난 지혜가 깃든다.

차가앙 노오르에서 돌아올 때 곳곳에서 회오리바람이 일었다. 참으로 장대한 광경이었다. 아디야의 집에서 점심을 먹고, 오후 3시 15분에 갈로오트란 이름이 붙게 만든 갈로오트 강을 향해 떠났다. 떠날 때 참새 한 마리가 애처롭게 날고 있었다. 초원의 향기라 불리는 아기(쑥의 일종)의 향기를 뒤로 하고 데르스의 숲을 건너 나갔다.

광대한 사아리 케에르를 달리면서 갈로오트 강

사아리 케에르 초원

으로 향했다. 곳곳에 꼬리를 보이면서 도망가는 양과 염소들이 줄을 이었다. 북방의 시에 자주 등장하는 말이 "꼬리와 등을 보이면서 도망가는 놈들!"이다. 그들이 바로 양과 염소이다. 호지르xyжир(염분을 머금은 백색의 진흙)가 널리고 손도올이 많은 늪지를 지나 갈로오트 강에 이르렀다.

강에 이르자마자 바람이 거세게 불어왔다. 바람이 너무 거세 대화를 나눌 수도 없을 지경이었다. 바람의 숨소리가 헉헉거리며 들려왔다. 그러다 갑자기 바람이 멈추며 보슬비가 내린다. 정말 비가 미리 왔거나 당장 폭우처럼 쏟아진다면 우리의 갈로오트 행은 불가능했다. 보슬비는 갈로오트 강에 이른 우리를 축복해 주는 것 같았다.

강은 모든 사람의 소리를 삼키고, 역사의 바람만 전해준다.
마음을 여는 자가 그 바람의 소리를 들을 것이다.

거세게 불어오는 바람을 맞으며 갈로오트 강에 손을 담가 얼굴을 씻었다. 양혜숙 선생은 갈로오트 강의 진흙에 다리를 담갔다. 비가 내린다. 환희의 빗물이었다. 이때 뻐꾸기가 울었다. 한 목민이 말을 타고 갈로오트 강에 이르렀다. 그와 한잔 술을 나눈 뒤 우리는 보슬비를 맞으며 갈로오트 강을 떠났다. 비는 이내 멈추었다. 우리가 가는 길에 먼지가 나지 않게 칭기스칸의 영원한 하늘이 배려해 주는 것이다.

역사적으로 사아리 케에르 초원은 강 건너 맞은편에 있는 유명한 역사의 지역이자 칭기스칸의 겨울 행궁이 소재했던 허더어 아랄Xэдөө арал과 모든 면에서 쌍둥이를 연상시킬 만큼 너무 닮았다. 이 두 곳을 장악하면 동서의 어떤 부족도 함부로 움직일 수 없을 만큼, 긴요한 전략적

요충지이다.

고대의 몽골인들은 칭기스칸의 사연이 담긴 수많은 지역 중 이곳에서 칸의 영혼을 사랑하는 몽골의 어머니가 기다리는 영원한 하늘로 올려 보냈다.

내 마음을 잡은 그대여, 가지 마오!

당시 눈물 가득한 몽골인들의 외침이 가슴에 들려오는 듯 했다. 이제 우리는 이곳과 작별을 하고 칸이 잠든 곳으로 가려고 한다.

2장

그 영원한 전설의 땅

- 칸이 잠든 곳

보르칸 칼돈 산 정상부분

칭기스칸의 무덤을 둘러싼 역사적 논쟁

유라시아 대륙에서 어둠을 가르는 한줄기의 불빛처럼 우리에게 다가왔다가 사라져간 역사의 풍운아 칭기스칸은 어디에 묻혀있을까. 칭기스칸과 그를 따르던 자들의 꿈과 야망을 기록했던 『몽골비사Monggol-un Niguǔcha Tobchiyan』에도 이 부분만큼은 영원한 침묵으로 일관하고 있다.

사실 칭기스칸의 대몽골제국은 여러 면에서 정말로 신비하기 그지 없다. 칭기스칸을 비롯한 몽골군은 거짓말처럼 오늘날까지 무덤하나 발견되지 않는다. 바람처럼 왔다가 바람처럼 사라져간 신의 군대처럼 기념이 될 만한 아무 것도 남기지 않았다. 이는 그 후계자들인 대원제국의 대칸들이나 장군들의 경우도 마찬가지이다. 왜 이들은 동서양의 역대 제국의 황제나 장군들이 그러했던 것처럼 자신들을 위한 거대한 지하세계를 만들지 않은 것일까. 그러나 그들도 지구에 살았던 것은 분명한 이상 이 세상 어느 곳에 묻혀 있으리라는 것은 의심할 바 없다.

칭기스칸의 매장지는 오늘날만이 아니라 당대에도 초미의 관심사였다. 특히 거대한 무덤 구조물에 익숙해 있던 정착지대의 사람들에게는 그 궁금증이 핵폭발 직전의 수준이었다. 그러나 당대의 어느 누구도 그가 영원히 묻힌 곳을 알아낼 수 없었다. 이미 당대에도 그 무덤의 존재는 수수께끼였다. 오직 전설로만 존재할 따름이었다. 그 전설은 800년이 흐른 지금까지도 우리의 주변을 흐르고 있다. 그의 무덤이 어디에 존재하건 간에 역사상 수많은 사람들이 추정한 무덤터를 한번 살펴보는 것도 흥미진진하다.

칭기스칸의 죽음과 무덤에 관한 기록은 동서양의 문헌에 모두 기록되어 있다. 중국 측의 기록인 『원사』에는 그가 1227년 음력 7월 5일 청수현淸水縣의 서강西江 근처에서 발병하여 음력 7월 12일 사아리薩里, sa'ari 평원의 갈로오트哈老徒, gala'utu 행궁行宮에서 영원히 눈을 감았으며 기련곡起輦谷에 매장했다고 기록되어 있다. 그러나 이 기록은 세부적으로 살펴볼 경우 매우 두리뭉실하게 묘사되어 있음을 알 수 있다. 청수현은 오늘날 중국의 영하회족자치구와 감숙성의 경계지대에 있는 육반산六盤山 남쪽에 위치한 지역이며 말의 엉덩이와 같은 모습의 초원이란 뜻을 지닌 사아리 평원은 오늘날 올라안바아타르의 동북쪽에 위치해 있다. 『원사』의 기록은 어쩌면 죽은 지점과 매장지역을 통틀어 기술했을 가능성도 있다.

페르시아측의 자료인 『집사』에는 칭기스칸이 육반산의 군영에서 8월 15일에 운명했으며 그의 유해는 먼 북방에 위치한 갈로오트 행궁으로 보내진 뒤 그가 고난에 찬 어린 시절을 보낸 보르칸 칼돈 산 근처에 매장되었다고 기록되어 있다.

이외에도 그의 죽음과 매장지에 관한 기록은 몇 개가 더 나온다. 그

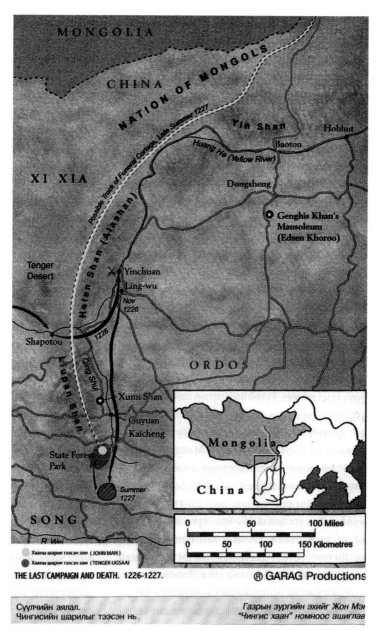

THE LAST CAMPAIGN AND DEATH. 1226-1227.

® GARAG Productions

Сүүлчийн аялал.
Чингисийн шарилыг тээсэн нь.

Газрын зургийн эхийг Жон Мэн
"Чингис хаан" номноос ашиглав

칭기스칸의 유해 이송 추정로(서하에서 몽골)

러나 분명한 것은 당대의 어느 누구도 그가 묻힌 정확한 장소를 알지 못한다는 것이다. 이는 칭기스칸의 죽음과 시기적으로 가장 가까운 시대에 쓰인 서정徐霆의 몽골견문기 즉 『흑달사략黑韃事略』의 다음과 같은 대목에서도 확인되고 있다.

> 테무진의 무덤은 헤를렌강의 주변에 있으며 산과 강으로 둘러싸여 있다. 전해지는 이야기로는 테무진이 이곳에서 태어났기 때문에 죽은 다음에도 이곳에서 장사지냈다고 하는데 그 사실성의 여부에 대해서는 알지 못하겠다.

당대의 문헌기록을 종합해 보면 칭기스칸은 1226년부터 서하西夏를 정벌하기 위해 본영으로 삼았던 육반산에서 8월 15일 전후에 사망한 것은 분명해 보인다. 또 그의 유체는 그가 태어난 동몽골의 고향 땅으로 운송돼 매장되었을 가능성이 농후하다.

그러나 당대의 몽골인들에게 중요한 것은 그가 잠든 곳이 아니라 그가 남긴 새로운 시대에의 믿음이었다. 칭기스칸과 짝짜꿍을 이루어 중국 서민문화의 씨앗을 뿌린 가난한 하층민 출신의 전진교도全眞敎徒들은 다음과 같은 전설을 남기고 있다.

> 칭기스칸은 (1227년) 음력 7월 죽기 어느 날 다음과 같은 말을 했다고 한다. "나는 항상 하늘의 인간(장춘진인)을 생각하는데 그도 나를 생각할까."

무소유의 진정한 자유를 외치는 도교의 신자들에게 흘러나온 칭기스칸의 말은 실로 의미심장하다 아니할 수 없다. 칭기스칸은 개인적으로 물질보다는 정신을 사랑한 인물이었다. 원대한 꿈을 품은 자에게 물질은 하나의 수단에 불과한 법이다.

칭기스칸과 그의 길을 따른 수많은 인물들이 역대 동서양의 제왕이나 대신들처럼 지상에서의 영광을 지하의 세계에서 구축하지 않았던 이유는 무엇일까. 아마 그들은 지하의 세계에서 미래를 기획할 필요가 없었는지도 모른다. 칭기스칸은 자기가 지상에서 남긴 꿈만을 주변인물이나 후계자들에게 계승하는 것으로 만족했는지 모른다. 인류역사상 예수나 마호메드, 석가, 공자 등의 예에서도 나타나듯이 사람들의 마음에 묻힌 것보다 더 위대한 무덤은 존재하지 않는다.

칭기스칸의 무덤을 찾아 나선 사람들

오늘날 칭기스칸의 매장지에 대한 전설은 바이칼 주변에서부터 내몽골에 이르는 각 지역에 모두 존재하고 있다. 그러나 칭기스칸의 무덤이 어디에 존재하건 간에 먼저 알아야 될 상식은 "모든 왕들은 한 곳에 매장 된다"는 원칙을 가지고 있는 대몽골제국이나 대원제국의 제도 상 그 무덤 일대는 코빌라이카간Khubilai Khagan까지 포함된 역대 제왕들의 집단 왕릉일 가능성이 높다는 사실이다.

몽골국에서 칭기스칸의 무덤을 찾는 작업이 본격적으로 시작된 것은 1990년 민주화와 함께 국가 중점정책으로 칭기스칸의 부활을 택한 시점부터이다. 몽골은 1990년부터 1992년까지 일본과 합동으로 칭기스칸의 무덤으로 추정되는 고대 몽골의 성지인 3강(오논 강, 헤를렌 강, 토올 강) 유역에 대한 대대적인 고고학 지표조사를 행했다. 이 연구조사의 몽골 측 연구책임자는 바담하탄Бадамхатан이고, 일본 측 단장은 가등진평加藤晋平이었다.

이 연구조사가 끝난 후 가등진평은 1994년에 발행된 국학원잡지國學院雜誌 95권 4호에 「나는 칭기스칸의 무덤을 보았다」라는 글을 게재했다. 그리고 이 일이 있은 다음 정말 거짓말처럼 해마다 여름만 되면 몽골이나 세계 각국의 신문에는 칭기스칸의 묘가 발견되었다는 기사가 단골 뉴스로 등장했다. 그러나 그 뉴스는 특정 조사발굴단의 업적을 과시하기 위해 의도적으로 과장된 것이 대부분이었다.

그 대표적인 예가 2002년 8월 미국 시카고대학 존.우즈John Woods교수가 이끄는 미국-몽골 합동 발굴단이 동몽골 헨티 아이막 바트시레에트Батштрээт 솜에 위치한 어글럭친 헤렘Θглθгчин хэрэм에서 칭기스칸의 무덤이라고 추정되는 곳을 발견했다는 뉴스다. 특히 이 발견은 조선일보(2002.8.21)가 외신에 근거하여 "이 주변 일대의 고분을 파기 시작하자 언덕을 오르던 차가 뒤집혔고 수천 마리의 뱀이 출현했으며 전염병도 돌았다"는 그야말로 흥미진진한 기사까지 실음으로서 극적인 면을 더했다.

정말 그럴까. 그 곳에서 과연 칭기스칸의 저주처럼 그 많은 뱀이 출현했단 말인가. 뱀은 몽골에 무수히 산재한 바위그림에도 자주 묘사되어 있을 정도로 고대서부터 유목민들이 숭상해 온 성스러운 동물이다. 이로 인해 몽골 무당의 무복에는 뱀의 형상을 본 딴 물체가 주렁주렁 달려있으며 가장 강력한 천하장사에게 내려주는 칭호도 바로 성스러운 뱀

어글럭친-헤렘유적(항공촬영)

을 뜻하는 아브라가이다. 이러한 뱀이 발굴 때 수천 마리씩 집단으로 출현했다는 것은 정말 하늘의 경고라고 간주해도 좋다.

그러나 진실은 잠시 유보될 수 있지만 언젠가는 드러나기 마련이다. 이 발굴에서 뱀이 집단으로 출현했다는 것은 거짓말이다. 이 같은 사실은 몽골국 발굴 참가자나 관련학자의 입을 통해서도 확인되었다. 또 역병이 돌았다는 것도 실제는 7월 초부터 이 지방에서 발생한 구제역에 불과하다. 미국 발굴팀이 칭기스칸의 무덤을 둘러싼 보호벽으로 간주한 어글럭친 헤렘(성벽)은 이미 학계에서 공인된 거란 성벽의 유적이다. 거란 시대에 돌로 축조된 이 성벽은 길이 3km, 높이 2~3m 가량으로 산을 빙 돌아 감싸듯 구축되어 있다.

몽골역사나 고고학을 전공하는 학자라면 누구나 다 아는 이곳에서 이러한 이야기가 불쑥 나타난 배경이 무엇일까. 2002년 8월 조사발굴에 몽골 측 담당자로 참가한 바자르구르Базаргур 박사는 이 고향 출신이지만 그는 지리학자이지 역사나 고고학자는 아니다. 사실 우즈를 비롯한 학술조사단의 실제 목적은 스티븐 시걸이 주연하는 영화 칭기스칸의 촬영장소 물색에 있다고 보는 편이 진상에 가깝다. 그리고 칭기스칸 무덤 발견 운운은 그 과정에서 일어난 해프닝일 뿐이다.

중국 내몽골의 칭기스칸 무덤 에젠호로오

오늘날 칭기스칸이 숨을 거둔 육반산 서북지역에 소위 칭기스칸의 무덤이라 존중되고 있는 몽골족의 성소가 있다. 그것이 바로 "황제가 잠든 곳"이란 뜻을 지닌 에젠호로오Эзэн хороо이다. 에젠호로오는 한문으로는 이금곽락伊金霍洛으로 표기되기 때문에 일반인들은 알기 쉽게 칭기스칸능成吉思汗陵이나 그것을 줄인 성릉成陵으로 부른다. 에젠호로오는 칭기스칸이 생전에 지녔던 깃발, 화살이나 칼 등의 유품을 모신 곳이지 그의 유체가 모셔진 곳은 아니다. 그럼에도 불구하고 이곳은 그의 사후에도 역사를 진동시킬 만큼 모든 몽골인들의 정신적인 고향으로 자리잡았다.

많은 사람들은 오르도스란 명칭이 어디서 유래했는지 모른다. 오르도스란 몽골어인 오르도의 복수형Ordo+s으로 오르도란 칸Khan이 사는 게르Ger 즉 궁전을 뜻하는 말이다. 오르도스 청동기, 오르도스 문화 등등으로 우리에게 익숙해진 이 명칭은 바로 칭기스칸 때문에 유래했다. 인류역사에서 동서 문화의 교류지로 유명한 이곳은 원래 역사적으로 호지胡地, 하남지河南地 혹은 신진중新秦中, 하서河西, 하투河套 등으로 불려졌다. 황하가 용트림을 하듯 북쪽으로 길게 솟구쳐 오르다가 내려온 이 일대의 지역은 역대 정착 및 유목세력들이 서로 차지하기 위해 그야말로 사투를 벌인 실크로드의 관문에 해당한다.

칭기스칸이 파란만장한 일생을 마친 육반산은 그의 길을 따르던 모든 자들에게 그야말로 잊혀 지지 않는 이름이 되었다. 칭기스칸의 유품들은 대몽골제국 붕괴 후 8개의 작은 게르에 나누어져 이리저리 이동해다녔다. 8개의 작은 게르는 몽골어로 '나이만 차가앙 게르(8개의 백색 게르)'라 불린다. 이 나이만 차가앙 게르가 우여곡절 끝에 칭기스칸이 숨을 거둔 지역으로 옮겨온 때가 북원과 명나라 간에 치열한 쟁투가 벌여졌던 1450년대 무렵이다. 나이만 차가앙 게르가 육반산 일대로 옮겨오자 그야말로 어마어마한 전설이 탄생하기 시작했다.

정말 거짓말처럼 나이만 차가앙 게르는 칭기스칸이 숨을 거둔 곳에 돌아와 자리 잡았다. 이것은 몽골인이라면 그 누가 보아도 눈물이 흘러나올 정도로 극적이었다. 그 옛날의 영광을 그리워했던 몽골족들은 이곳에다 통곡의 벽을 쌓았다. 북원 대칸들의 등극식도 모두 이곳에서 이루어지지 않으면 그 효력을 의심받을 정도로 이곳은 성스러운 지역으로 변해갔다. 이제부터 야망을 꿈꾸는 북원의 모든 실력자는 이곳을 목숨처럼 지키지 않으면 안 되는 운명이 되었다. 그러는 사이 이 지역의 명칭도 나이만 차가앙 게르가 위치한 곳이라는 오르도스로 굳어졌다.

흘러간 역사를 유심히 바라보면 이상하리만큼 앞뒤가 모순되는 아이러니를 만날 때가 많다. 대몽골제국의 행로를 살펴볼 경우 칭기스칸과 뜻을 같이 한 자들에게 사실 칭기스칸을 기억할 영혼의 샘 즉 무덤이나 거대한 기념물은 필요하지 않았다는 것이 진상에 가깝다. 그러나 칭기스칸의 꿈과 길이 사라진 어느 훗날 우연치고는 너무 극적이라고 할 만큼 칭기스칸은 새로운 모습으로 부활했다. 끝없는 내전으로 인해 흩어질 대로 흩어지고 피폐해질 대로 피폐해진 그의 후예들에게 단결과 미래에의 희망으로 재탄생한 것이다.

절세의 영웅은 무덤을 필요로 하지 않았지만 그의 먼 후예들은 그것

내몽골 오르도스시에 위치한 에젠호로오

을 갖기를 열망했다. 칭기스칸의 유품이 모셔져 있는 에젠호로오는 면적으로 볼 경우 세계에서 가장 큰 무덤이다. 대몽골제국 때에도 유학의 경전 가운데 효경孝經만은 몽골어로 번역할 정도로 효심이 깊었던 몽골족들은 이 광대한 무덤을 지키기 위해 오르도스부라는 무덤 호위대까지 두었다. 몽골족이 영락해 갈수록 에젠호로오에 대한 몽골족의 믿음은 커져만 갔다. 분리·분열정책으로 몽골족을 꼼짝할 수 없게 옭아 맨 청나라의 황제들도 몽골족의 심장인 에젠호로오 만큼은 성스러운 지대로 선포하지 않으면 안 될 정도였다.

에젠호로오는 역사의 흐름과 함께 수많은 고난의 역정을 겪었다. 청나라의 붕괴 후 일시 중국대륙은 군벌의 할거시대를 맞았다. 이 와중에서 한 때 일단의 비적匪賊들에게 나이만 차가앙 게르의 유물을 탈취 당하는 비극도 있었다. 일본의 관동군은 갖가지 수단을 동원하여 이를 차지하기를 원했다. 그러자 위기를 느낀 국민당정부와 연안의 모택동군대는 합심하여 이를 지켜냈다. 이것이 그 유명한 나이만 차가앙 게르의 흥륭산興隆山(오늘날 감숙성 楡中縣에 위치한 산)이동작전이다.

"나이만 차가앙 게르는 황하를 건널 수 없다"는 전해진 믿음을 준수하며 이동한 이 이면에는 나이만 차가앙 게르를 차지한 자가 몽골인의 마음을 장악한다는 확고한 믿음 때문이었다. 몽골 근대사에서 나이만 차가앙 게르는 몽골족의 상징이자 영혼과도 같은 존재였다. 민족의 슬픔이 클수록 이에 대한 숭모의 열정도 깊어갔다. 모택동이 이끄는 연안의 붉은 군대는 장개석과의 내전에서 승리하자마자 어려운 경제여건 속에서도 나이만 차가앙 게르가 안치될 성전聖殿의 건축을 결의했다. 비바람을 맞으며 8백년의 세월을 보낸 나이만 차가앙 게르는 1956년 5월부터 새로운 성전에 안치되었다. 이 성전은 최근 오르도스시의 신설과 함께 대대적으로 확장 정비되었다.

몽골학자들이 추정하는 칭기스칸 무덤

칭기스칸의 무덤은 현존하는 동서양의 역사 사료들을 연구해 볼 경우 분명히 몽골의 동부지역인 고르반골гурван гол(3개의 강) 즉 오논 강, 헤를렌 강, 토올 강이 발원하는 유역에 있다는 것이 학계의 정설이다. 그러나 칭기스칸이 묻힌 이흐 호릭Их хориг(대봉금지)의 정확한 위치에 대해서는 아직까지도 학자들의 의견이 일치하지 않고 있다. 이 같은 원인은 같은 이름을 가진 지명이 많고 또 그것을 명확히 구분할 역사지리학적인 연구가 본격적으로 이루어지지 않았기 때문이다.

몽골의 역사학자인 페를레에Пэрлээ는 「이흐 호릭은 어디에 있나」라는 논문에서 칭기스칸이 묻힌 곳은 이흐헨티산맥의 보르칸 칼돈 산이 분명하다고 주장했다. 그는 이 산의 기슭에서 13~14세기의 것으로 판명된 솥 등의 제사유물이 발견되었고 산의 동북쪽에 있는 "이흐 가자린 다와아Их газрын даваа(지명)"는 몽골비사의 "에케스 가자르Yekes Gajar(지명)"일 가능성이 높다는 것 등을 입증의 논거로 제시하고 있다. 현재 몽골국의 대다수 학자들은 페를레에의 주장에 동의하고 있다.

칭기스칸의
사계

보르칸 칼돈의 칭기스칸 무덤을 찾아

사아리 케에르를 떠난 우리는 광활한 초원길을 택해 바가노오르 Багануур시에 이르렀다. 그리고 놀지는 보르기 에르기Burgi Ergi를 거쳐 멍건모리트Мөнгөнморьт 솜 입구에 도착했다. 바가노오르시는 '작은 호수'라는 뜻을 지닌 공업도시이며, 보르기 에르기는 칭기스칸의 신부인 버르테가 적군에게 잡혀간 곳이다. 멍건모리트는 '은빛의 말이 있는'이란 뜻으로 칭기스칸의 아버지인 예수게이 바아토르의 유목지이다. 칭기스칸은 아버지가 살아 있을 때 이곳에서 어린 시절을 보냈다.

멍건모리트솜 입구

멍건모리트솜 입구에는 맨 위에 곰이 조각된 기둥이 서있었다. 이곳에 곰이 많기 때문이다. 그들이 즐기는 먹이 중의 하나가 우리 단군신화에 나오는 마늘쑥인데, 주로 6월에 먹는다고 한다. 멍건모리트 솜을 지나 산길을 택해 올라갔다. 광대한 삼림지대를 감상하면서 테렐지Тэрэлж 강의 다리에 도착했다. 다리 근처에는 유목민들의 겨울집이 제법 많이 있었다. 정말 그림처럼 아름다운 곳이었다. 뻐꾸기가 울었다. 이곳에서 말을 끌고 오는 한 사람을 만났는데 이 지역의 삼림관리자였다.

그의 도움으로 '황금의 운명'이란 뜻을 지닌 알탄자야Алтанзаяа의 집에서 1박했다. 이곳 사람들은 이곳에 비가 많이 와서 차로 보르칸 칼돈 산을 가기가 불가능하다고 했다. 그러면서 그곳의 어느 지점부터 말을 타고 가기를 권했다. 강호약Ганхуяг이라는 이름의 청년이 우리와 같이 가기로 정해졌다. '단단한 갑옷'이란 뜻을 지닌 그는 매우 순수한 사람으로 하늘이 보낸 사신이었다. 내일 아침 일찍 떠나기로 하고, 이곳 사람들과 흥겨운 술자리가 이어졌다.

무수한 별자리에 싸인 테렐지 강변의 밤은 영화의 한 장면처럼 고요하고 아름다웠다. 새벽에 일어나니 물안개가 온 숲과 강을 감싸며 조용히 이동하고 있었다. 버드나무 숲에 감싸여진 테렐지 강은 안개 사이사이에 모습을 보였는데, 정말 마음에 흐르는 강처럼 마음의 그리움이 여울져 흐른다.

아침을 먹으며 우리는 강호약과 보르칸 칼돈 산이 보이는 텡게린 보스고 오보오Тэнгэрийн Босго овоо(하늘의 문지방 오보오)에서 만나기로 약속을 했다. 그리고 떠나기 전에 이곳에 사는 간터머르Гантөмөр(1946년생) 할머니로부터 칭기스칸 시대의 대봉금지인 이흐 호릭은 우리가 가는 길에 나

간터머르 할머니

타나는 테누운Tэнүүн 강이 헤를렌 강과 합류하는 지점부터 시작된다는 말을 들었다. 할머니는 우리에게 맛과 정이 철철 넘쳐흐르는 타락을 주면서 먹고 가도록 청했다.

비가 온 때문일까. 길이 예상보다 좋지 않았다. 게다가 아직도 얼음이 군데군데 녹지 않고 있었다. 보르칸 칼돈 산 국립공원의 입구인 헤를렌 타반 살라아Хэрлэн таван салаа 다리에 이르렀다. '헤를렌 강을 이루는 다섯 갈래의 지류가 모이는 다리'라는 뜻을 지닌 이 나무다리는 웬만한 홍수에도 끄떡없을 정도로 단단해 보였다. 이 다리에서부터 동쪽으로 곧바로 나가면 칭기스칸이 고난의 어린 시절을 보낸 푸른 호수가 있다. 거리는 가는 방향에 따라 대략 60~70km 정도이다.

보르칸 칼돈 산은 1992년에 국가지정의 입산금지 특별보호구역으로 지정되어 허가를 받지 못한 사람들은 출입할 수 없다. 툽신자르갈 교수가 출입허가증을 보여주기 위해 관리소에 들어갔다. 그 사이 우리는 다리에 서서 주변 경치를 감상했다. 관리소에 들어간 툽신자르갈 교수가 나를 불렀다. 그곳에는 출입소를 관리하는 할아버지 부부와 그들의 손자가 있었다. 할머니는 할아버지가 어제도 술을 마셔 불평이 대단했다. 그러나 칭기스칸의 이야기가 나오고 툽신자르갈 교수의 찬가가 흐르자 할머니도 술을 마시면서 감격해 했다. 칭기스칸을 찬미하는 시간은 몽골인들에게 정말로 열정과 환희를 가져다 준다. 출입소를 관리하는 할아버지 부부, 손자와 함께 다리에서 칭기스 오야Чингис уяа란 우뚝 솟은 바위가 멀리 바라다 보이는 눈 덮인 산에 술을 뿌리며 칭기스칸을 찬미했다.

그대의 마음을 찾으러 온 사람들에게 도움을 주시기를!

칭기스 오야란 칭기스칸이 그곳에 말을 맸다는 '칭기스칸의 말뚝'이란 뜻으로 이러한 곳은 몽골, 중국, 러시아 등 칭기스칸의 흔적이 있는 지역에서 많이 나타난다. 그만큼 그를 사랑했던 사람들이 많았다는 뜻이다. 눈 덮인 산의 거대한 봉우리를 칭기스칸이 말을 맨 기둥이라고 부르는 그들의 얼굴에는 그리움과 자부심이 교차하듯 나타났다. 부부의 간절한 기도에 뻐꾸기까지 울기 시작했다.

드디어 출입소의 문이 열리고 우리는 보르칸 칼돈 산으로 들어섰다. 할아버지는 어제 6대의 차가 이 공원으로 들어갔다고 말해 주었다. 마지막 나무집이 있는 곳에 다다르자 자그마한 냇물과 함께 아직도 두꺼운 얼음이 길을 막고 있었다. 천신만고 끝에 냇가를 돌아 보르칸 칼돈 산 입구로 들어섰다. 그러나 오래 못 가 차가 진흙탕에 빠졌다.

하르가나Харгана가 끝없이 이어진 이곳은 복드암인 바로온탈Богд амын баруун тал이란 곳으로 '성스러운 협곡의 바른쪽 기슭'이라는 뜻이다. 옆에 거대한 산이 버티고 있다. 진흙탕에 빠진 차를 바라보고 있는데 뻐꾸기가 울었다. 그리고 이내 3대의 차가 이곳으로 다가왔다. 우리는 그들의 도움으로 차를 끌어냈는데, 그들 중 일부는 우리 일행과 안면이 있는 사람들도 있다. 특히 내몽골에서 온 헐런-보이르 민족역사문화연구원장이자 중국몽골학회 상무이사인 맹송림孟松林 선생은 이후 우리가 내몽골을 여행할 때 많은 도움을 주었다. 우리는 더 이상 진출하기가 불가능하여 이곳에다 텐트를 쳤다. 텐트를 치자 비가 내리기 시작한다.

강호약이 6마리의 말을 몰고 왔다. 원래 텡게린 보스고 오보오에서 만나기로 했는데, 나가는 차들로부터 우리가 이곳에 있다는 것을 듣고 이리로 왔다. 그때 또 뻐꾸기가 울었다. 강호약은 뻐꾸기가 5월 20일부터 6월 20일 전후 한 달만 소리를 들을 수 있는 새라고 하면서 소리 자체가 행운을 가져다준다고 했다. 이상하게 여행 내내 뻐꾸기의 소리를 들었다. 지금 생각하니 항상 무엇을 느끼고 부르기 전에 뻐꾸기가 울었던 것이 생각났다.

우리가 탈 말을 선발한 강호약

칠흑 같은 밤이 다가왔다. 보르칸 칼돈 산에 부는 바람소리와 빗소리를 들으며 깊은 생각에 잠긴다.

나는 밤에 그대를 그리는 빗물이 되었다!

다음 날 새벽 6시에 뻐꾸기 소리를 들으며 말을 타고 보르칸 칼돈 산을 향해 출발했다. 우리가 탄 말들은 모두 건장했다. 질퍽질퍽한 길들은 곳곳에서 늪지로 변해 있었다. 크고 작은 냇가와 진흙탕 웅덩이들을 곳곳에서 건넜다. 하르가나의 숲이 끝없이 이어진 길, 그러나 도중에 노란 할미꽃 초원을 만났고 또 나팔꽃처럼 생긴 보랏빛 꽃무리도 보았다. 모든 소나무들은 번개에 맞아 타버리거나 꺾어져 있었다. 그 모습이 일대 장관이었다.

텡게린 보스고 오보오 앞의 보스고 텡게리 다와아Богс тэнгэрийн даваа 라 불리는 가파른 언덕을 내려가니 멀리 얼음으로 덮인 거대한 늪지가 나타났다. 늪지에 도달하기 앞서 먼저 3개의 헤를렌 강 지류를 건넜다. 거세게 흐르는 헤를렌 강물은 너무나 투명해 저절로 감탄이 나왔다. 이곱고도 해맑은 아름답고 청순한 헤를렌 강을 야성미 넘치는 시골말들은 절벅절벅 거리며 거침없이 건너갔다. 또 곧바로 이어진 얼음이 흐르는 거대한 늪지도 성큼성큼 주저하지 않고 건너갔다. 몽골말들의 위력을 새삼스럽게 실감할 수 있었다.

이윽고 신비하고 아름다운 알랑고아Alan Go'a의 전설이 깃든 툰흘레그Түнхлэг 강(복드 강)도 건넜다. 맑은 복드 강의 발원지는 이헤스 가자린 고개이다. 그 고개 길은 하늘의 빛을 받아 몽골족을 이 지상에 태어나게

알랑고아가 검은 달구지를 타고 내려온 복드 강(툰흘레그 냇가)

만든 코리부족 출신의 여신 알랑고아의 길이다. 그녀는 바이칼호수 쪽에서 이곳으로 검은 차양이 쳐진 달구지를 타고 왔다.

그리고 숲이 무성하게 우거진 보르칸 칼돈 산의 첫 번째 오보오인 벨치르Бэлчир 오보오에 도착했다. 아침 6시에 출발해 장장 5시간 30분을 말을 타고 왔다. 벨치르 오보오에 도착한 후 러시아제 새끼청어 통조

림 2개와 강호약이 가져온 튀긴 빵으로 점심을 먹었다. 라면을 끓였지만 아무도 먹지 않아 숲속에 숨겨두었다.

하르가나 숲은 헤를렌 타반 살라아 다리 공원 입구에서부터 이곳까지 이어져 있다. 매우 인상적이었다. 칭기스칸은 어린 시절부터 이 하르가나를 보고 자랐다. 그래서일까. 『몽골비사』에는 다음과 같은 몽골군의 전법이 소개되어 있다.

> 카라가나와 같은 진법으로 진격하자.
> 호수와 같은 진법을 구사하자.
> 끌과 같은 전법을 구사해 전투하자.

칭기스칸이 어린 시절을 보낸 보르칸 칼돈 산 북쪽의 키모르카Kimurkha 강 주변에는 아일 카라가나Ayil Kharagana라는 지명도 있다. 카라가나kharagana는 하르가나의 고대 발음이다. 쳉헤르만달Цэнхэрмандал 솜 출신인 강호약은 아일 카라가나로 가는 길도 이쪽 길과 상태가 똑같다고 했다. 그는 그곳에도 이곳처럼 하르가나가 많다고 했다. 끝없이 이어진 하르가나는 칭기스칸에게 무엇을 가르쳐 주었길래 역사상 유명한 몽골군의 전법으로 그 이름이 남은 것일까.

점심을 먹은 뒤 우리는 말을 타고 보

르칸 칼돈 산을 오르기 시작했다. 그러나 안내자인 강호약조차 가끔 길을 잃고, 또 말도 통과할 수 없을 정도로 길 곳곳에 잡목이 우거진 험악한 행로였다. 우리는 고대 몽골인들이 알랑고아 여신을 위한 제사인 주겔리Jügeli제가 행해졌다고 추정되는 곳까지 올랐다. 더 이상은 법적으로 금지되어 올라갈 수 없다. 산의 중턱에 해당하는 이곳은 매우 평탄했으며 그 옆 낭떠러지 기슭 아래에 푸른 호수란 이름의 산정호수가 있다.

아일-카라가나는 칭기스칸이 신부를 빼앗은 메르키드부를 공격하기 위해 옹칸과 자모카의 군대와 만난 곳이다

내려올 때 밀림과도 같은 숲에는 바람만이 불었다. 우리는 숲속에 숨겨둔 라면을 찾아 다시 끓여 먹은 뒤 떠났다. 텡게린 보스고 오보오에 도달하니 벌써 어둑어둑하다. 총 12시간 반을 말 등위에서 보낸 뒤 새벽 2시쯤 차가 있는 곳으로 돌아왔다.

칭기스칸의 행로를 유심히 살펴보면 묘한 특징이 나타난다. 즉 그는 역사를 기억하는 자라는 것이다. 그가 한 말이나 그가 선택한 장소는 모두 눈에 보이듯 역사의 상징이 숨어 있다. 고난의 기억과 미래의 열망이 항상 같이 다니듯 겹쳐져 있다. 그가 이 광대한 보르칸 칼돈 산 어디에 묻혔는지도 아무도 모른다. 그러나 중요한 것은 이 산에 대한 그의 태도이다.

그는 신혼 초 보르기 에르기에서 메르키드Merkid인들의 습격으로 목숨이 위험에 처했을 때 80km를 말 타고 달려와 이곳에 숨었다. 그리고 이 산의 도움으로 목숨을 건졌다. 그리고 적들이 돌아간 다음 이 산을 나와 맨 처음 한 말이 있다.

> 메뚜기 정도 밖에 안 되는 나의 생명을 지켜준
> 보르칸 칼돈 산의 은혜를 잊지 않으리라!
> 그리고 나의 자손의 자손에 이르기까지
> 이 산을 영원히 기억하게 할 것이다!

『몽골비사』에 기록된 이 대목은 메르키드부에 아내를 뺏긴 뒤 나온 핏물과도 같은 울부짖음이다. 절대 절명의 순간에서 나온 이 절규는 그의 인간됨이 얼마나 큰 가를 말없이 보여주고 있다. 하늘의 은혜를 잊지 않는 겸손한 지도자야말로 진실로 믿음의 백성을 가질 수 있는 자이다.

이 산을 영원히 기억하게 하겠다는 칭기스칸의 서약은 당대부터 지금까지 그대로 준수되고 있다. 보르칸 칼돈 산 및 그 주변지역은 대몽골 제국 때부터 19세기 말까지 이흐 호릭(대봉금지)으로 선포되어 철저히 보호를 받았지만 소비에트 러시아의 통치를 받았던 사회주의 때 정치적인 이유로 일시 방치되었다. 그러나 1990년 몽골의 자유화 이후 1992년에 다시 입산금지의 신성불가침지구라는 특별보호구역으로 지정되었으며, 1995년부터 국가법령에 의해 국가제사가 행해지는 지위를 부여받았다. 또 법령에 따라 보르칸 칼돈 산 제사 때에는 몽골의 현직 대통령은 물론 군대의 모든 군기들도 참가하여 의례 주관 및 사열을 받아야 한다. 그리고 2010년 12월부터 새로운 법령 반포로 인해 외국인 및 여자들의 출입이 엄격히 통제되고 있다.

3장

푸른 호수에서
초이발산에 이르는 길

- 피로 물든 초원

허더어 아랄 돌로안 볼다오드에서 바라본 삼봉산

멍건모리트와 예수게이 바아토르

보르칸 칼돈 산에서 멍건모리트 솜으로 돌아온 우리는 다시 칭기스칸의 길을 따라 초이발산Чойбалсан까지 약 1000km에 이르는 대장정에 나섰다. 하늘의 가호가 없으면 불가능한 여정이다. 멍건모리트 솜에서 기름을 채운 뒤 칭기스칸의 슬픔이 깃든 보르기 에르기로 향했다. 우리가 멍건모리트 솜을 떠날 때 이곳의 경찰관인 멍흐바아타르Мөнхбаатар가 탑승했다. 그는 우리와 테렐지 강변의 마을에서 술잔을 나누며 이미 한 마음, 한 가족이 된 사이이다. 고대 몽골의 속담에 이런 말이 있다.

우리 몽골인은 한번 만나면, 천년을 가는 사람들이 아닌가!

멍흐바아타르는 "하지 전에 보르칸 칼돈 산을 오르는 자들은 행운이 있다"고 했다. 우리가 지나가고 있는 멍건모리트 솜은 예수게이 바아토르의 유목지이다. 원래 이곳에는 사회주의 시절 멍건모리트 솜이 세우지기 전까지 사람이 살지 않았다. 그 이유는 이곳이 대청제국 때 외몽골의 동부와 중부를 통치하는 세첸칸부와 투시에투칸부의 경계지역이었고, 또 제사가 행해지는 보르칸 칼돈 산 근처에 있었기 때문에 사람이 사는 것을 허락지 않았기 때문이다.

올라안바아타르 시에서 220km 떨어진 곳에 있는 멍건모리트 솜이 예수게이 바아토르의 유목지로 고증이 된 것은 1994년 바담하탄 선생의 고르반골(3강) 프로젝트 연구보고서인 「칭기스칸, 나 여기 잠들련다」가 나온 이후부터이다. 그리고 그것을 바탕으로 고대 몽골씨족들의 분포도가 다시 조정되었다. 이곳의 초지는 질이 매우 좋아 생산되는 우유도 고급에 속한다. 그래서 이곳에서 생산되는 우유나 버터로 몸을 치료하는 휴양소가 있을 정도이다.

멍건모리트 솜 북쪽에 위치한 보르칸 칼돈 산은 셀렝게 강이나 바이칼 호수로 가는 지름길이다. 이 길은 동쪽에서 몽골 중부지역으로 나가는 테렐지-카라툰의 길이 옹칸과 같은 대 세력에게 장악되었을 경우 우회통과로로 제한적으로 사용되기도 했다. 그러나 그것은 규모가 아주 작은 소집단일 경우에만 가능하다. 멍건모리트 솜에서 보르칸 칼돈 산을 거쳐 북방으로 나가는 길은 산의 오른쪽에 위치한 '이흐 가자린 다와 Их газрын даваа'와 왼쪽에 위치한 '이흐 다와 Их даваа'를 통해 나가는 두 가지 길이 있다. 이 두 길은 모두 보르칸 칼돈 산 뒤의 오논 Онон 온천에서 만나며, 거기에서 길이 서쪽, 북쪽, 동쪽으로 나뉜다. 오논 강이 발원하는 곳에 위치한 오논 온천은 몽골에서 치료 효과가 가장 뛰어난 치병온천이다.

또 계절적으로 보르칸 칼돈 산을 넘어 북방으로 빠지는 길은 10월부터 4월까지가 선호된다. 왜냐하면 그 시기를 벗어난 이곳은 길 자체가 통행이 불가능한 진흙수렁으로 변하기 일쑤고 또 극성스러운 모기 때문에 사람이나 말들이 곤란을 겪기 때문이다. 칭기스칸 일가가 예수게이 바아토르가 죽은 뒤 보르칸 칼돈 산 주변에서 가축도 없이 떠돌며 초목 근피로 연명이 가능했던 이유도 바로 이 일대가 그의 유목지였기 때문에 가능했다. 이후의 칭기스칸이 가난한 자들의 대변자로 나설 수 있었던 것도 바로 이러한 가족사와 관련이 있다.

　칭기스칸은 아버지가 살아 있을 때 이곳에서 어린 시절을 보냈다. 그러면 아버지가 죽기 전의 어린 칭기스칸은 어떤 생활을 했을까. 어린 시절 그가 어떤 교육을 받으며 어떻게 살았는가는 아무도 모른다. 그러나 그가 어떠한 교육을 받았을까를 추측케 해주는 기록이 『몽골비사』에 실려 있는데 그것이 바로 아버지의 동지들이었던 타르코타이 키릴톡Tarkhutai-Kiriltug와 멍리그Mönglig의 말이다. 아름다운 북방의 시어와도 같은 그 말들을 소개하면 다음과 같다.

　먼저 예수게이와 강력한 동맹을 이루었던 타이치오드Tayichi'ud 씨족의 적장자 타르코타이 키릴톡의 말을 들어보자. 이 말은 어느 날 타르코타이 키릴톡이 자신의 부하였던 천민 출신인 나야아Naya'a에게 배반을 당해 포박된 뒤 칭기스칸에게 끌려갈 때 한 말이다.

　　내가 죽어 버리면 너희들은 죽어서 생명이 없는 내 몸을 가져가는 것이 무슨 소용이 있느냐. 테무진은 나를 죽이지 않을 것이다. 테무진이 어릴 때 예수게이 바아토르를 싫어하는 사람들이, 테무진은 "눈에 불이 있고 뺨에 광택이 있다"라고 말하면서, 그를 무인야지에 버렸다.

그때 나는 그를 데리러 그곳에 갔으며, 데리고 와서는 테무진에게 여러 가지를 가르쳐 주었다. 내가 무엇이든지 가르쳐주기만 하면, 그는 아주 익숙하게 잘 따라 배웠다. 나는 2살이나 3살 된 망아지를 조련하듯이 테무진을 아주 잘 가르쳐 주었다. 테무진을 싫어하는 사람들이 그를 죽이자고 말해도 나는 죽일 수 없었다.

나야아는 나야아 공작새, 위선자 나야아 라는 별칭이 있을 만큼 화술에 능하고 머리회전이 빠른 자이다. 그는 칭기스칸이 가장 사랑했던 콜란 카톤Khulan Khatun의 비호 아래 대몽골제국의 중군만호中軍万戶를 지낸 전형적인 출세지향주의자이다. 그러나 그가 이러한 최고지위에까지 오르고 또 칭기스칸의 개혁정책을 담당했던 이유는 바로 타르코타이 키릴톡의 말을 듣자마자 곧바로 풀어준 사례에서도 나타나듯 그가 테무진이 추진하는 신질서의 추구방향을 정확히 파악하고 있는 인사라는 점과, 그것을 뛰어난 화술로 사회구성원들에게 설득시킬 수 있는 정치적인 재능을 겸비한 자란 이유 때문이었다. 칭기스칸은 이러한 부패지향적인 인물을 통제할 능력이 있는 지도자였다. 관료가 부패하는 것은 지도자 때문이지 백성 때문이 아니다.

다음은 예수게이의 충실한 가신집안 출신인 멍리그이다. 그의 아버지인 차라카Charakha는 예수게이가 죽은 뒤 "깊은 샘물은 말랐고 단단한 돌은 깨어졌다"고 하면서 동맹을 파기하고 이쪽 예속민까지 몽땅 쓸어간 타이치오드 노얀들에게 대들었다가 창으로 난자당한 전력이 있다. 또 그 자신은 예수게이가 타타르인들에게 독살당할 때 남긴 유언에 따라 어린 테무진을 처갓집에서 직접 데리고 온 전력이 있다. 또 아들인 텝텡게리Teb Tenggeri는 1206년 테무진에게 칭기스칸이라는 칭호를 주고 멍케카간Möngke Khagan의 이름도 지어준 몽골의 살아있는 천신이다. 그는 아들 텝텡게리가 정권에 개입한 죄로 칭기스칸에게 허리를 꺾여 죽임을 당할 때에도 사회를 위해 백성을 위해 흐르는 눈물만을 보인 자이다. 이런 멍리그가 1203년 칭기스칸이 함정에 걸려들 수 있는 절대 절명의 순간에 한 말이 있다.

만약 그대가 그곳으로 간다면
소용돌이치는 물에, 붉게 타오르는 불에 들어갈 것이다!

비록 1203년 때의 말이지만 다음과 같은 칭기스칸의 말을 들을 때, 그가 어린 시절 칭기스칸에게 무엇을 배워주었는가가 자연스럽게 떠오를 것이다.

내가 태어날 때에도 내 곁에 같이 있었으며, 내가 자랄 때에도 내 곁에서 같이 자라났다. 너는 길상과 축복을 가진 자이다. 너의 나에 대한 훈공과 가호는 몇 번이 있었다. 자손의 자손에 이르기까지 어찌 그 은혜를 잊을 것인가.

이들 2명은 어린 칭기스칸에게 세상의 질서를 알려준 반면교사라 할 수 있다. 즉 칭기스칸은 이러한 교육을 통해 어릴 적부터 최소한 적과 동지를 구분하는 방법과 함께 의리의 중요성을 알고 있었다고 할 수 있다.

보르기 에르기 수상록

멍건모리트에서 출발한 차는 어느덧 보르기 에르기에 이르렀다. 지방민들은 이 비극의 언덕을 "절벽의 급류"라는 뜻의 에렉 보르기эрэг боргио라고 부른다. 주변에 바람이 몹시 불었다. 사실 몽골초원은 바람의 고향처럼 매일 바람이 분다. 그것도 매일 다른 성격의 바람이 분다. 보르기 에르기의 눈물을 보기 위해서는 이곳에 머물러 사색에 잠길 시간이 필요하다.

나는 이전에 이곳에 종종 왔었다. 출간하는 책의 서문을 여기서 쓸 정도로 이곳을 애틋하게 생각했다. 이곳에 도착하기 전에 하늘을 나는 무수한 새떼를 보았다. 어디로 가는 것일까. 이곳이 내 마음을 사로잡았을 때에 느낌을 기록한 보르기 에르기 수상록이 있다. 그것을 소개하면서 이곳을 지나고자 한다.

북방의 속담에 "늑대는 바람을 따라 움직인다."는 말이 있다. 바람을 가르며 초원의 꿈과 야망을 조절하는 늑대는 북방민족의 자유롭고 강인한 열정의 혼이다. 초원의 법칙은 영원한 하늘Möngke Tenggeri이 정한다. 그래서 "초원에는 평온함 뒤에 평온함이 없고 위험 뒤에는 또 다른 위험이 있다"는 말처럼 신바람과 피눈물의 땅이 되었다. 바로 그 땅에서 몽골이나 우리 문화의 원형이 시작되었다.

보르기 에르기는 물안개 피는 언덕이란 뜻이다. 그러나 아름다운 지명과는 달리 칭기스칸의 신부인 버르테가 적군에게 잡혀간 피눈물의 땅이다.

칭기스칸이 사랑하는 신부를 뺏긴 보르기 에르기

푸른 하늘은 검은 구름에 가렸고
홀로 남은 늑대의 눈은 피눈물에 가려졌다.
서리같이 하얀 달이
초원의 가을밤에 처절하게 걸려 있었다.

2009년 5월 15일 밤에 도착한 사연이 많은 이 언덕에는 초원의 강한 봄바람이 밤새도록 휘몰아쳤다. 내 마음이 그래서였을까. 이 슬픈 사연의 언덕에 부는 바람의 숨소리가 마음에 사무친다. 그 소리는 먼 곳에서 울부짖는 늑대소리 같기도 하고, 구슬프게 울리는 피리 소리 같기도 하고, 또 한스러운 여인의 애절한 흐느낌 같기도 했다.

아름다운 밤하늘의 별빛, 그 아래에 격랑처럼 흐르는 바람, 그러는 사이에 빛보다 어둠이 더 많이 깃든 새벽이 밝아 왔다. 바로 그 옛날 이 새벽에 적군의 공격이 시작되었다. 아름다운 초원의 강 헤를렌이 만들어 낸 보르기 에르기 언덕은 서서히 떠오르는 햇빛을 받아 그야말로 눈부신 절경을 드러냈다. 그러나 그것도 잠시 버르테의 눈물과도 같은 눈송이가 방울방울 떨어져 흩날리기 시작했다.

그리고 칭기스칸의 고난과 야망이 깃든 푸른 호수로 향할 때부터 갑자기 눈송이는 피 섞인 눈보라로 변해 사방을 분간할 수 없을 정도로 휘몰아쳤다. 5월 중순의 눈보라를 뚫고 나아가자 한줄기 빛 속에서 회색털을 가진 거대한 수늑대 한 마리가 나타나듯 헤를렌 강의 다리가 나타났다. 눈보라 속에 다리를 건너며 "인간은 밝은 곳에 있지만 늑대는 어두운 곳에 있으며, 늑대의 울부짖음은 멀리서는 들려도 가까이서는 오히려 들리지 않는다."는 말이 실감나게 떠올랐다.

헤를렌 바얀올라앙과 돌로안 볼다오드 산

헤를렌 강 다리를 건너면 헤를렌 바얀올라앙Хэрлэн Баянулаан이라는 거대한 산이 산맥처럼 버티고 있다. 사실 멍건모리트에서 동부지방으로 나가는 가장 빠른 지름길은 헤를렌 강의 남북로를 따라 나가는 길이다. 거란이나 명나라, 청나라 등도 이 길을 통해 동쪽이나 남쪽으로 갔다. 헤를렌 강의 북로는 헤를렌 바얀올라앙 산을 중심으로 다시 남북로 갈라지는데 북로는 아스팔트길이고 남로는 흙길이다. 우리는 헤를렌 강의 북로 가운데 헤를렌 바얀올라앙의 남쪽 길을 택해 허더어 아랄Хөдөө арал로 향했다.

헤를렌 바얀올라앙이란 '헤를렌 강의 부유한 붉은 바위들'이란 뜻으로, 요즘 홍산문화로 유명한 중국 내몽골의 적봉赤峰 즉 붉은 바위(올라앙하드)와 같은 뜻이다. 규모는 이곳이 그곳보다 몇 십 배로 크다. 헤를렌 다리를 지나 바얀올라앙 산으로 들어가는 입구에 '물의 언덕'이란 뜻을 지닌 오스틴 뎅즈Устын Дэнж라는 곳이 있는데, 이곳은 유명한 신석기 시대의 유적지이다. 이 바얀올라앙에는 1천 개의 겨울유목지가 있다. 몽골에서 유명한 3대 겨울 유목지가 있는데, 첫 번째가 대몽골제국의 수도였던 카라코롬이고, 두 번째가 바얀올라앙이며, 세 번째가 올라안바아타르 시민들이 즐겨 찾는 휴양지인 테렐지이다.

바얀올라앙은 고대 몽골에서 타이치오드 씨족과 쌍벽을 이루었던 키야드Kiyad 씨족 중에서, 적장자인 주르킨Jürkin 씨족의 겨울 유목지이다. 주르킨이란 '심장'이란 뜻이다. 칭기스칸이 대업을 이루기 위해서 가장 절실했던 세력이 바로 주르킨 씨족의 무력이었다. 주르킨 씨족의

70
71

족장은 세체베키Seche Beki와 타이초Tayichu였는데 세체란 '현명'이란 뜻이고 베키는 '샤만'의 존칭이다. 타이초는 한자어 태자의 몽골음이다. 즉 둘 다 만만치 않은 인물이란 뜻이다.

이들은 칭기스칸과 숙명의 라이벌이었던 자모카Jamukha가 옹칸과 연합하여 동진해 오자 서로 뜻을 맞추고 일시 연합한 적이 있다. 요즘 말로 하면 적과의 동침과 같다. 때가 나면 한쪽이 사라져 주어야 될 그런 물과 불의 조합이었다. 그리고 그 조합이 깨져 피를 부른 것이 1196년 허더어 아랄의 돌로안 볼다오드Dolo'an-Bolda'ud 전투였다. 헤를렌 강의 남쪽을 따라 또 장대한 바얀올라앙 산을 바라보면서 나가면 7개의 산봉우리가 강가 옆에 우뚝 선 것이 보인다. 그것이 바로 돌로안 볼다오드 산이다.

돌로안 볼다오드 전투는 칭기스칸의 인생에서 독자 생존이 가능한 최초의 전환점을 만들어주었다. 그것을 보여주는 것이 다음과 같은 『몽골비사』의 기록이다.

이같이 패기 넘치는 백성을 칭기스칸은 정복하였으며, 주르킨이라는 씨족 칭호를 가진 지배층의 자들을 모두 멸살했다. 그리고 그들의 지배하에 있었던 백성들을 모두 자기의 백성으로 만들었다.

이 산은 칭기스칸의 영욕을 읊은 『몽골비사』에 여러 번 등장할 만큼 역사적으로 유명하다. 바로 이곳에서 칭기스칸의 셋째아들인 어거데이Ögödei를 대칸으로 등극시켰던 칭기스칸의 유언장 『몽골비사』가 써지고 만민 앞에 공포되었다.

대코릴타를 열어 쥐띠 해 고라니달(7월, 비의 달)에 켈루렌 강의 허더어 아랄의 돌로안 볼닥 산과 실긴첵 두 지점 사이에 오르도들을 세우고 있을 때에 이 책을 써서 마쳤다.

허더어 아랄 몽골비사 성립지
실긴첵(Shilgincheg) 원경

왜 이곳에서 어거데이는 『몽골비사』를 완성시킨 것일까. 그는 칭기스칸이 죽은 뒤에도 무려 2년 동안 칭기스칸 생전에 공개적으로 약속 받은 대칸을 계승하지 못하고 있었다. 그는 아직 백성의 마음을 얻지 못하고 있었으며, 장군들에게는 능력을 의심 받고 있었다. 그러나 그는 등극 후 동생인 군사천재 톨로이Tolui가 공개적으로 독살을 당할 만큼 능력을 인정받은 현명한 군주다. 제국의 통치에는 두 개의 머리를 지닌 독수리가 필요 없는 법이다. 어거데이는 주르킨 씨족의 핏물이 튀긴 바로 이곳에서 칭기스칸의 말을 모두에게 크게 들려주고 싶었을지도 모른다.

"그들은 적에 가까운 적이 되었다!"고 하면서 칭기스칸은 주르킨 씨족의 곳으로 진격했다. 주르킨 씨족이 켈루렌 강변의 허더어 아랄의 돌로안 볼다오드에 있을 때 그들의 백성을 공격하여 약탈했다. 세체베키와 타이초 2인은 소수의 사람들과 함께 도망쳤다. 그들의 뒤를 추격하여, 텔레투 아마사르에서 그들을 사로잡았다. 사로잡은 뒤 칭기스칸은 그들에게 "이전에 우리들은 서로 무어라고 서약했는가"라고 추궁하자 그 두 사람이 말하기를 "우리들은 서약했던 말을 지키지 않았다. 우리들의 서약에 따라 처벌 받겠다"라고 했다. 그들은 자신들이 이전에 서약했던 말들을 깨달은 뒤 위약에 대한 처벌을 칭기스칸에게 일임했다. 칭기스칸은 그들의 말로 이전에 그들이 말한 서약을 확인시킨 다음 그들을 살해해 그곳에 버렸다.

이 대목은 『몽골비사』136절에 수록되어 있다. 세체베키와 타이초가 죽음을 당한 텔레투 아마사르Teletü-Amasar는 헤를렌 바얀올라앙 산맥 속에 있으며, 지금도 거기에는 두 사람의 무덤이 있다고 구전되고 있다.

돌로안 볼다오드 산은 지상에 내려온 북두칠성이다. 지금도 이 지역의 목민들은 거기서 방목을 하거나 잠을 자는 것을 꺼린다. 피가 보인다는 것이다. 약속을 지키지 않고 지상의 북두칠성을 장악하려한 주르킨 씨족은 1196년 여름의 어느 날 1천개의 심장이 피를 토하며 눈 덮인 초원에 내팽겨졌다. 약속을 위반한 그들의 심장은 지상의 북두칠성에게 제물로 바쳐진 것이다. 약속을 지키지 않는 자들은 이곳에 가서 역사의 피 냄새를 맡기 바란다.

돌로안 볼다오드 산의 제의와 삼봉산

지상에 내려온 하늘의 북두칠성은 오늘날에도 제의가 행해진다. 여기서 제의와 관련된 두 가지 이야기를 하려 한다.

돌로안 볼다오드 산은 오늘날 돌로오드Долоод 산으로 불린다. 이 산 정상에 올라 사방을 바라보면 그야말로 절경이다. 이곳에서 헤를렌 강은 만곡을 그리며 동쪽으로 방향을 튼다. 수많은 갈래로 나누어져 굽이쳐 흐르는 헤를렌 강은 여기서 가장 큰 폭을 자랑한다. 돌로드 산 정상에서 이 헤를렌 강 건너 바라보면 바로 마주 보이는 산이 있는데 그 산이 바로 영락제가 제2차 북정(1414년 6월) 때 표기한 삼봉산三峰山이다. 삼봉산은 몽골어로 '여성의 젖처럼 풍요롭게 봉곳 솟아오른 봉우리'라는 끗을 지닌 바얀 에르헤트 오올Баян Эрхэт уул이다. 이 두 산에는 다음과 같은 구전 설화가 전승되고 있다.

> 옛날에 가난한 집안의 아들과 부잣집 아들이 살았다. 가난한 집의 아들은 바얀 에르헤트 산 쪽에 살았고 부잣집 아들은 돌로드 산 쪽에 살았다. 그 둘은 사이가 나빠 다툼이 심했다. 그러자 가난한 아들을 둔 집의 어머니가 아들의 절망감을 방지하기 위해 젖을 짜서 강을 만들었다. 그래서 바얀 에르헤트라는 산 이름이 생겨났다.

정말 이 산은 "여성의 젖무덤처럼 풍요롭게 봉곳 솟아오른 봉우리"라는 뜻에서도 나타나듯이 젖과 관계를 맺고 있다. 강 건너편의 버어럴 주우트 초원 지역 사람들은 말젖술과 연관시키고 있지만, 어느 것을 택해도 젖과 관계있는 산인 것만큼은 분명하다.

우리는 돌로안 볼닥이 바라보이는 곳에 위치한 한 목민집을 방문했다. 이 집의 어른은 "누가 알리오"라는 이름을 지닌 헨메데흐(71세) 할머니였다. 할머니는 수렝이라는 노인이 이곳의 역사를 잘 아니까 찾아보라고 하면서, 앞에 보이는 두 개의 산에 대한 이야기를 다음과 같이 해주었다.

바얀 에르헤트 산은 외아들을 둔 사람이 외아들을 위해 기도를 하면 잘 들어주는 산으로 남성 산이다. 따라서 기원할 때 술을 뿌려야한다. 이에 반해 돌로드산은 여성 산으로 기원할 때 우유를 뿌려야 한다.

돌로드 산 정상의 큰 오보오와 할머니 집의 개

또 그녀는 돌로드 산 자체가 음험하다고 하면서 그곳에 게르를 치는 사람은 없다고 했다. 할머니는 그곳에서 일어난 피바람의 역사를 모르고 있는 듯 했다. 북방 유목민들은 역사적으로 봄과 가을 즉 풀이 나오고 시드는 계절을 택해 제사를 올리는데, 라마교 전입 이후 그 습속이 봄과 가을의 오보오제로 바뀌었다. 바로 우리가 여행하고 있는 이 시기가 지역별로 봄의 오보오제가 열리는 계절인데, 바로 3일 전에 돌로드 산의 오보오제가 열렸다고 한다.

7개의 독립된 산봉우리로 구성된 돌로드 산은 헤를렌강이 마주 보이는 제1봉에 이흐오보오Их овоо(큰 오보오)가 있고 제5봉에 바가오보오Бага овоо(작은 오보오)가 있다. 이 지역의 여인들은 부정 탄다고 돌로드 산의 오보오에 올라갈 수 없다. 역사가 누군가에 의해 왜곡될 때 슬픔을 부른다. 바로 정확치 못한 역사가 전해져 여인을 구속하는 지경에 이르렀다. 돌르도 산을 포함한 허더어 아랄 주변 지역은 칭기스칸의 시절에 농경을 했던 지역으로 장춘진인長春眞人의 여행기에도 기록되어 있다.

허더어 아랄의 칭기스칸 겨울 행궁

허더어 아랄은 몽골비사성립 750주년 기념비와 칭기스칸의 겨울 행궁인 예케 아오로그Yeke A'urug(대본영)가 위치한 세계적인 역사 관광지이다. 몽골비사 성립 750년 주년 기념비에는 칭기스칸의 전신상과 함께 그와 자모카가 연합할 당시 참여한 몽골씨족들의 탐가(상징기호)가 전부 새겨져 있다. 칭기스칸의 의복을 고증한 학자가 몽골 석인상 전문가이자 고고학자인 고故 바야르 교수로, 그는 한국 제주도의 돌하르방에 대해서도 글을 남긴 바 있다.

　몽골비사성립 750주년 기념비 앞에 서면 멀리 돌로안 볼다오드 산이 보인다. 그리고 뒤로 돌아서면 토오노Tooho 산이라는 샤만의 정기가 강한 산이 자리 잡고 있고, 그 앞에 탄산수가 솟는 샘이 있다. 칭기스칸의 겨울 행궁은 탄산수 샘물과 기념비의 중간에 위치해 있다. 그러면 이곳을 방문하는 독자들을 위해 예케 아오로그와 이 일대의 역사를 간략히 소개하고자 한다.

몽골비사 성립 750주년 기념비

칭기스칸의
사계

칭기스칸의 겨울 행궁을 부르는 예케 아오로그는 '후방을 총괄하는 이동병참기지'란 뜻으로 칭기스칸의 콰레즘 원정 때부터 이 명칭이 등장한다. 그러나 대몽골제국의 붕괴 후 이곳은 잊혀져 그 본래의 이름조차 남지 않았고, 전설의 땅이 되었다. 그러다가 언제부턴가 그 앞에 흐르는 아브라가 강이나 행궁 앞에서 샘솟는 아브라가 탄산광천수의 이름을 따서 아브라가 등으로 불리기 시작했다. 아브라가는 '거대한 뱀'이란 뜻으로, 최고의 씨름꾼에게 주어지는 칭호이기도 하다. 그러다가 1950년대에 페를레에 교수가 이 일대를 탐사한 뒤 칭기스칸의 행궁터가 있는 곳이라고 결론지었다.

이곳이 다시 세상의 주목을 받기 시작한 것은 1990년부터 1992년까지 몽골과 일본의 학자들이 공동으로 행한 「고르반 골 프로젝트(3강 프로젝트)」때이다. 조사단은 인공위성을 이용하여 보르칸 칼돈 산에서 허더어 아랄에 이르는 곳까지 칭기스칸의 무덤으로 생각되는 곳들을 탐사했는데, 그때 이곳에 큰 행궁터가 존재한다는 것을 알아냈다. 그리고 몽·일 새천년 프로젝트New Century Project를 통해 일본 고고학자인 백석전지白石典之가 2009년과 2010년에 걸쳐 본격적으로 발굴을 한 결과 3개의 유적층이 확인되었는데, 맨 아래층에서는 칭기스칸 시대의 유적이, 중간층에서는 어거데이 시대의 유적이, 맨 위층에서는 라마교 사원의 유적이 확인되었다. 발굴을 마친 뒤 몽골정부는 칭기스칸의 행궁터와 샘터를 보존하기 위해 행궁터로 추정되는 유적지를 중심으로 남북으로 1200미터, 동서로 500미터의 울타리를 쳤다. 지금 이곳을 가면 일장기와 몽골국기가 나란히 새겨진 안내문을 볼 수 있다.

칭기스칸 시대의 대몽골제국은 수도가 없어 그가 머무는 곳이 바로

허더어 아랄 칭기스칸 겨울행궁 유적지

몽골제국의 정치, 경제, 문화의 중심지였다. 칭기스칸은 대칸에 오른 1206년 이후 겨울이면 주로 이곳 행궁에 와서 묵었다. 그리고 여름에는 사아리 케에르 평원에서 머물렀다. 또 1225년의 경우 카라툰에서 가을을 보내기도 했다. 지금 언급한 것이 바로 칭기스칸의 사계四季이다.

칭기스칸의 사후 허더어 아랄은 대칸의 등극장소로 애용되었다. 앞서 말했듯이 1229년 어거데이는 아버지의 유언을 들먹이며 우격다짐으로 이곳에서 대칸에 올랐다. 그가 대칸에 등극하는 장면이 『몽골비사』에 수록되어 있는데 그 문장을 잘 음미해 보면 약속의 이행이 얼마나 어려운 것인가를 새삼 느낄 수 있다.

1229년 쥐띠 해에 차카타이와 바토를 위시한 우익의 황자들, 오드치긴 노얀, 예구, 예숭게를 위시한 좌익의 황자들, 톨로이를 위시한 중앙의 황자들, 황녀들, 사위들, 만호의 노얀들 전체가 켈루렌 강의 허더어 아랄에 모두 모여 칭기스칸이 지명했던 그 성지를 따라 어거데이를 대칸으로 추대했다.

허더어 아랄에서는 어거데이 외에도 천재 중의 천재라는 평을 들은 멍케가 1251년 6월 제 4대 대칸으로 등극했다. 그는 코빌라이카간의 형으로, 늘 독선으로 흐르는 동생을 무척이나 싫어했다. 칭기스칸의 대몽골제국을 지켜주는 힘은 시민참여 민주주의적 성격을 띤 열린 국회 코릴타와 그로부터 발생하는 이동마인드였다. 이 기본원칙에 제동을 건 자가 바로 코빌라이였으며, 그 결과 태어난 것이 대원제국이다. 원칙이 상실되면 편법이 난무하기 시작한다. 대몽골제국의 황혼은 코빌라이로부터 시작되었으며 그는 죽어서 칭기스칸을 만나보지 못했을 것이다. 코빌라이란 "변화나 바꿈, 변신"이란 뜻으로 반역의 운명은 태어날 때부터 정해지는 것일까.

허더어 아랄에서 대칸에 즉위한 예는 원대에도 보이는데 그가 바로 1323년 8월 남파의 구데타南坡之變을 통해 영종英宗 소디팔라Suddhipala를 살해하고 그해 9월 4일 대칸으로 등극한 진왕晉王 예순 테무르Yesün Temür, 泰定帝이다. 예순 테무르가 사랑했던 카톤(황후) 중의 한 여인이 고려미인 다르마시리Darmashiri, 達麻實里이다. 초원의 냄새를 펄펄 풍기는 이 여인에 대해서는 뒤에 소개되어 있다.

허더어 아랄에는 고대의 제단 터로 간주되는 올라앙볼시Улаан булш를 비롯해 청동기 시대의 사슴돌, 돌궐석인상 등 많은 역사유적이 존재한다. 또 바람도 거세게 분다. 그래서 바람의 산이란 살히트 오올도 존재한다. 우리가 떠날 시간이 다가왔다. 마음을 잡는 자가 세상을 잡는다는 푸른 호수의 서약이 이루어진 그 곳으로 가야한다.

누군가를 부르는 바람
바람이 숨을 쉬며 무수한 바람을 부른다.

이곳에서 대칸에 오른 멍케카간은 1254년 7월 로마가톨릭 수도사인 루브루크William of Rubruck를 통해 프랑스 왕 루이 9세에게 편지를 보냈다. 거기에 이런 말이 있다.

어려움을 쉬움으로, 먼 곳을 가까운 곳으로 만들 수 있는 멍케 텡게리(영원한 하늘)는 알지어다.

우리는 출발 후 이곳에 이를 때까지 칭기스칸의 사연이 있는 곳에서는 반드시 차를 멈추고 하늘에 예를 올렸다. 우리는 이곳을 떠나면서 멍케카간의 말처럼 해가 뜨는 동쪽에서 달이 지는 서쪽까지 우리 여행길에 영원한 하늘을 가호를 기원하는 예를 올렸다.

토오노 산

차는 토오노 산을 마주보면서 델게르하앙Дэлгээрхаан 솜 군청소재지를 향해 출발했다. 토오노 산은 예부터 큰 제사를 지내는 산으로 알려져 있다. 토오노 산은 몽골 게르의 천창을 의미하는 토오노란 명칭처럼 이 산은 지상과 하늘이 열린 산이다. 이 산에는 강희제가 갈단칸을 평정한 것을 기념하여 1696년 음력 5월 12일에 세운 비문이 1920년대까지 비바람을 맞으며 서 있었다. 지금은 국립역사박물관으로 옮겨져 전시되어 있다. 죽음의 기가 강하게 느껴지는 토오노산은 헤를렌 강을 마주보는 남쪽 기슭에 고대의 많은 무덤들을 간직하고 있다.

꽃피는 6월 초에 이곳을 방문하면 그야말로 붉고 붉은 키 작은 벚꽃들이 죽음의 카펫을 편 것처럼 사방에 피어올라 여러분들을 하늘의 세계로 안내할 것이다. 토오노 산에는 올라안바아타르의 휴양지인 테렐지의 바위들보다 더 기묘한 바위들이 죽은 자들의 상징처럼 죽 버티고 서 있다. 한국무용으로 유명한 이애주 교수와 함께 예전에 비 몰아치는 토오노 산에서 30분 동안 천둥음악(천둥박자)을 들은 적이 있다. 그 때 누군가 한 말이 생각난다.

이곳에 오래 머무르면 돌아갈 수 없다.

이번 여행에 이곳을 바라만 보면서 지나갔지만, 칭기스칸의 겨울 행궁을 보호하며 자리 잡고 있는 토오노 산은 언제 보아도 항상 신비롭다. 이 산에 흐르는 죽음의 기운은 1247년 이곳을 방문했던 장덕휘張德輝(1195~1275)의 『영북기행嶺北紀行』에도 다음과 같이 실려 있다.

헤를렌 강의 북쪽에는 카라-아골라Khara-agula, 窟剌吾拉라 부르는 큰 산이 있는데 중국어로 번역하면 검은 산黑山이다. 어떤 한 객사에서 그 외양을 바라보면 검은 모양이 마치 나무가 무성한 숲같이 보인다. 그러나 가까이 가서 그것을 보면 모두 짙푸른 색의 돌이다. 항상 어두침침한 노을과 같은 기운이 그 위를 덮고 있다.

토오노 산은 헤를렌-토오노Хэрлэн Тооно라고도 불리는데 이곳을 여행하는 사람들을 위해 보물 전설 하나를 소개하고자 한다. 매년 5월 15

일에 떠오르는 태양의 빛이 게르 안의 위쪽 벽면에 이르는 뱀의 시간Hap
ханын толгойд(오전 10시)에 토오노 산의 남쪽에 위치한 보가Буга(사슴) 산
의 그림자가 멈추는 곳에 아주 많은 보물이 숨겨져 있다는 전설이 전해
지고 있다.

몽골인들은 유목의 특성 상 시간관념이 철저하다. 몽골인들은 겨울
이나 여름을 막론하고 해뜨기 전에 일어나 가축을 돌봐야 하기 때문에
잠자리에 드는 시간도 비교적 빠르다. 고대의 목민들은 그들이 사는 게
르를 이용해 시간을 측정했다. 즉 토오노тооно를 통해 들어온 햇빛과 그
햇빛을 받는 둥근 벽이 일종의 해시계монгол гэрийн наран цаг와 같은 역할
을 했다. 목민들은 벽에 비치는 햇빛의 이동을 표준으로 삼아 가축을 돌
보고 물을 먹이는 시간을 정했다. 고대 행군을 할 때도 게르를 이용하여
시간을 파악했다.

푸른 호수에 도달하다

칭기스칸의 겨울 행궁을 떠난 우리는 바얀올라앙 산맥의 동북단을
통해 자르갈랑트하앙Жаргантхаан 솜으로 나간 뒤 그곳에서 쳉헤르만달
Цэнхэрмандал 솜을 거쳐 푸른 호수로 가는 길을 택했다. 바얀올라앙의 동
단을 바라보며 광대한 초원길을 달려 나갈 때, 툽신자르갈 교수가 몽골
음악가 수렌잡Сүрэнжав 작곡의 헤를렌 바얀올라앙이란 노래 한 소절을
불렀다.

자르갈랑트한 솜에 도착하여 한헤를렌Хан Хэрлэн이란 음식점에서 식

사를 했다. 늘 이곳에 오면 들리는 단골식당으로 음식이 맛있다. 그런데 식사를 하고 떠나려는데 차바퀴가 망가졌다. 급히 바퀴를 교체한 뒤 쳉 헤르만달 솜의 차량 수리점에 도착했다. 수리점에 도착하자마자 갑자기 비가 내리며 바람이 몹시 분다.

수리점에서 바퀴를 세밀하게 고치는 사이, 우리는 가게에 들어가 차를 마셨다. 창문을 통해 보니 바람이 거세게 불고 있었다. 창문에는 빗물이 줄줄 흘러내리고 있었다. 차를 수리하자 다시 비가 그쳤다. 그리고 길가의 한 집에 들러 푸른 호수로 가는 길을 물었다.

푸른 호수로 가는 길은 초원과 숲길의 연속이다. 비가 많이 온다면 이 길은 절대로 갈 수 없다. 설령 간다고 해도 그곳에 갇혀 다시 나올 수 없다. 잠시 푸른 호수를 찾지 못해 한동안 숲길을 탔는데 그림처럼 아름다웠다. 밤은 점점 깊어 가는데, 가도 가도 숲길이라 되돌아 나와서 무슨 제약사 소유인 듯한 나무집에 앞에 섰다. 그곳에 있던 사람들이 다음 산을 가면 푸른 호수가 나온다고 했다. 우리가 푸른 호수에 못 미쳐 앞에 있는 산을 도는 바람에 잠시 길을 잊은 것이다. 밤늦게 푸른 호수에 도착했다.

푸른 호수는 언제 보아도 감회가 깊다. 그러나 이곳에 와서 한 번도 여행자 숙소에서 자본 적이 없다. 주로 개장 전에 왔거나 스쳐 지나갔기 때문이다. 올해도 개장 전에 왔기 때문에 관리자 숙소(게르)로 갔다. 이전에 3개였는데 지금은 하나이다. 그런데 뜻하지 않은 일이 일어났다. 양혜숙 선생을 보고 개가 꼬리를 흔들며 반겼다. 또 그녀가 문을 열며 들어가자 한 남자가 반갑게 "아, 히시게!"라고 외쳤다. 그가 오늘의 하늘의 사신(텡게리 엘친)이었다.

우리는 차드라발Чадравал이라는 이름의 옛날 동지를 만났다. 히시게
는 양선생의 몽골이름이다. 그녀의 몽골이름인 아리온히식Ариунхишиг
을 줄여서 부르는 이름이다. 차드라발은 밖에서 들리는 목소리를 듣자
마자 그녀가 2년 전 방문했던 히시게라는 것을 알았다고 한다. 그는 내
일 올라안바아타르로 떠날 예정이라는데 정말 운명처럼 조우했다. 어
제까지 우리가 들어온 게르에 3명의 러시아인들이 묵고 있었는데 그들
은 아침에 떠났다. 하루만 늦게 와도 우리는 묵을 곳
이 없었다. 우리는 은잔을 돌리며 밤늦도록 웃음꽃을
피웠다. 개들까지 꼬리를 흔들며 우리를 반겼다.

밤에 비가 내린다. 푸른 호수에 비가 내린다. 푸른
호수에 내리는 빗소리를 들으며, 이전 푸른 호수 가는
길에 우박이 떨어지며 쳉헤르 강이 범람한 일 등 이런
저런 생각에 잠기다 나도 모르게 잠들었다. 한기를 느
껴 새벽에 일어나 밖으로 나갔는데 비는 그치고 하늘
엔 구름들이 짙게 늘어서 있다. 그 하늘을 바라보다가
나도 모르게 북방의 시 한 구절이 흘러 나왔다.

달은 잠들고 북두칠성만이 날았다!

이 시는 "여신은 잠들었고 죽음만이 가득 찼다"는
뜻이다. 아침이 밝았다. 5월의 푸른 호수는 그야말로
상쾌했다. 초원에서 가장 짙고도 강렬한 공포가 '황색
연기(모기떼)'와 '어두운 그림자(늑대 무리)'가 동시에 다

가오는 것이다. 푸른 호수는 황색 연기의 고향이다. 또 그들은 푸른 머리란 뜻을 지닌 흡혈파리 허흐 투루우xθx typyy까지 동지로 삼고 있다. 모기, 파리, 늑대의 삼박자가 모두 갖추어진 곳이 바로 푸른 호수이다. 천둥과 번개, 비바람까지 합치면 모든 최악의 조건이 완비된 곳이다. 그러나 5월의 푸른 호수는 늑대 소리만 들릴 뿐 모기와 흡혈파리는 아직 모습을 숨기고 있었다.

푸른호수(전경)

울창한 숲으로 둘러싸인 푸른 호수에는 카라지루겐Khara Jirügen이란 '검은 심장의 산'이 비쳐 있다. 푸른 호수의 원천은 검은 심장의 산을 마주보면서 용솟음쳐 나오는 '검은 심장의 샘물'이다. 시원하고도 달콤한 이 샘물은 미래 영웅 칭기스칸을 키웠던 물이기도 하다. 검은 심장의 정상에서 이 샘물을 마시며 칭기스칸이 "어두운 밤의 수능대, 대낮의 까마귀"라고 불렀던 그의 동반자들을 생각했다.

푸른 호수의 서약과 잡종인간들의 눈물

한번 봉封해진 역사의 상자를 연다는 것은 항상 두렵다. 모두가 숨기고 싶어 했던 진실이 흘러나와 푸른 호수를 지켜주는 검은 심장의 산이 탄식과 슬픈 눈물을 흘리게 될지도 모른다. 그러나 역사의 길은 진실이 아니면 안 된다. 이제 푸른 호수에서 일어났던 역사를 바라보려 한다.

푸른 호수는 칭기스칸이 고난의 어린 시절을 보낸 곳으로 이곳에서 새로운 시대의 서막을 알리는 푸른 호수의 서약이 낭독되었다. 그래서 푸른 호수는 1203년 칭기스칸의 눈물이 떨어진 발조나 호수와 함께 서약의 호수라고도 한다. 도대체 이곳에서 그 옛날 무슨 일이 일어났기에 그렇게 부르는 것일까. 그것을 위해서는 약간의 역사적 설명이 필요하다.

칭기스칸은 보르기 에르기에서 사랑하는 신부를 메르키드부에게 빼앗긴 뒤, 이 비극적인 사실을 카라툰의 옹칸에게 알렸다. 그리고 이번 기회에 자모카에게 예속된 아버지의 유민들도 모두 찾아달라는 부탁을 했다. 당시 옹칸은 메르키드부의 톡토아베키Togto'a Beki나 몽골부의 자모카와 모두 우호적 관계를 맺고 있었다. 그러나 이들은 모두 하루가 다르게 세력을 확장해 가는 태풍의 눈들이었다. 이 태풍의 눈들이 자라 날카로운 비수가 되기 전에 옹칸은 무슨 조치를 취할 필요가 있었다.

옹칸은 결단했다. "하나는 죽이고 하나는 반으로 가른다! 나와 자모카가 힘을 합쳐 톡토아베키를 죽인다. 그리고 칭기스칸은 자모카의 세력을 반분한다!" 그야말로 아무도 믿을 수 없었던 배반의 고원이었다. 옹칸은 태어날 때부터 죽는 그 마지막 순간까지 마치 피에 물든 몽골고원의 역사를 반영한 듯한 그런 일생을 보낸 인물이다.

몽골고원을 피눈물의 소용돌이 속에 몰아넣고 자신을 추종하는 또하나의 세력을 창출하려는 옹칸의 음모는 냉혹하고도 잔인하게 진행되었다. 이 음모는 1년에 걸쳐 치밀하게 진행되었다. 옹칸은 교묘한 방법으로 어릴 적의 안다였던 칭기스칸과 자모카를 조우시켰다. 칭기스칸은 그에게 눈물의 구원요청을 했고 옹칸은 측면에서 자모카를 부추겼다.

옹칸은 칭기스칸을 자모카의 진영으로 밀어 넣기 위해 원정군의 사령관을 자모카가 맡도록 강력히 요구했다. 메르키드부에 적지 않은 원한이 있었던 자모카는 옹칸의 요청을 받아들였다. 자모카는 자기도 모르는 사이에 거대한 음모의 덫에 걸려들고 있었다. 자모카는 메르키드의 모든 부족을 일시에 섬멸시키려는 계획을 수립한 뒤 옹칸에 통고했다.

이들의 공격은 버르테가 적군의 아이를 배어 출산을 얼마 남겨놓지 않은 때에 감행되었다. 메르키드부의 퇴로를 차단한 채 기습적으로 감행된 옹칸 연합군의 공격은 메르키드부를 이루는 한 씨족이 전멸될 만큼 톡토아베키에게 큰 타격을 입히며 끝났다. 그리고 공격으로 말미암아 톡토아베키와 자모카는 불구대천의 원수가 되었다. 옹칸은 흐뭇했고 테무진은 감격했다.

어릴 적의 안다인 칭기스칸과 자모카는 이 전투를 기점으로 또다시 만났다. 자모카는 슬픔에 싸인 안다를 위로했고 칭기스칸은 그 보답으로 타이치오드 씨족의 목줄을 노리는 곳에 위치한 몽골의 성소인 코르코낙 조보르Khorkhonag Jubur에서 공동유목을 제의했다. 몽골의 패권을 노리는 자모카가 가장 기뻐할 제의했다. 즉시 옹칸은 이들의 아름다운 우정을 기리며 자모카가 칭기스칸의 제의를 받아들였다고 참가한 모든 군

버르테를 찾아온 탈콘아랄(Талхун арал). 오늘날 셀렝게 아이막 주운부렌(Зуунбурэн)솜에 위치해 있다.

사들의 앞에서 선포했다. 자모카의 악몽은 이렇게 하여 시작되었다.

이들은 몽골의 성소인 코르코낙 조보르에서 공동유목을 시작했다. 자모카의 진영 속으로 파고 들어오는데 성공한 칭기스칸은 드디어 숨겨왔던 야욕을 서서히 드러내기 시작했다. 믿음과 충성의 상징과 같은 보오르초Bo'orchu와 젤메Jelme는 칭기스칸의 비밀지령에 따라 칭기스칸의 친위군단을 구축하기 시작했다.

자모카의 세력권에서 진행된 칭기스칸의 포섭활동은 주로 소외되고 가난한 자들에게 집중되었다. 포섭된 인물들은 칭기스칸이 아니면 도저히 갈 데가 없고 또 출세를 꿈꿀 수도 없는 그런 자들이 주류를 이루었다. 가난한 몽골부에서도 가장 지독하게 가난한 그런 하류층의 용사들이 도시락 하나 없이 칭기스칸에게 모여들었다. 칭기스칸은 이들에게 더 이상의 배고픔과 차별이 없는 미래 사회에 대한 약속을 제시했다. 이들은 열광했다. 바로 칭기스칸은 하류층의 용사들에게 구원의 메시아였다.

보오르초 등이 용병부대를 구축하고 있는 동안 칭기스칸 자신은 자모카세력의 한 축을 이루고 있었던 키야드씨족 계열의 노얀들을 집중적으로 공략했다. 칭기스칸은 이들에게 강력한 부활의 메시지를 띄웠다. 이 부활의 메시지는 키야드씨족의 야심찬 노얀들인 알탄Altan과 코차르Khuchar에게 접수되었다. 알탄은 코톨라칸Khutula Khan의 아들이며 코차르는 예수게이의 형인 네군타이시Negün Tayishi의 아들로 모두 강력한 무력집단을 가지고 있었다. 이들은 칭기스칸을 대신하여 키야드씨족의 적자이자 가장 강력한 무력집단을 거느리고 있었던 세체베키와 타이초를 포섭했다.

키야드씨족 계열 노얀들의 연합정권탄생의 꿈은 어느덧 꺼질 수 없는 대세로 번져나갔다. 칭기스칸은 이 와중에 자모카 계열의 씨족장이나 노얀들에게도 접근했다. 분리의 순간을 앞두고 행해진 칭기스칸의 포섭활동은 형과 동생이 갈라설 정도로 냉혹하게 진행되었다. 1203년 카라칼지드Khara Khajid 전의 영웅인 망코드Mangkhud 씨족의 족장 코일다르 세첸Khyildar Sechen도 바로 이 때 포섭되었다. 코일다르 세첸은 테무진이 평생을 통해 맺은 몇 안 되는 안다 중의 하나였다.

배반의 땅 코르코닥 조보르. 오늘날의 호르힌 헌디(Хурхын хθндий)

오난하의 상류에 자리 잡고 있는 코르코낙 조보르는 하늘의 수많은 신탁이 내려오는 성스러운 지역이었다. 이 성소에서 칭기스칸은 보오르 초와 비견되는 또 하나의 인물을 만났다. 그가 1206년 대몽골제국이 탄생하던 날 보오르초에 이어 세 번째 순위로 천호장에 임명되고 또 제국의 좌익 만호로 제수된 모칼리Mukhali였다. 그는 칭기스칸의 서역원정시 권황제權皇帝의 자격으로 중국을 통치했던 사실에서도 나타나듯이 사업에 필요한 콘텐츠를 만드는데 매우 수완이 있는 인물이었다. 잘라이르Jalayir씨족 출신인 모칼리는 일설에 고려인의 후예라고도 간주되고 있지만 하여튼 샤만적 기질이 농후한 인물이었다.

칭기스칸은 어릴 적부터 세습 샤만이었던 멍리그의 집안을 통해 그 누구보다도 샤만의 위력을 잘 알고 있었다. 백성들의 마음을 휘어잡는 데에는 샤만과 같은 예언자적인 능력이 필요했다. 칭기스칸은 모칼리를 만나자마자 두 가지 콘텐츠를 작동시켰다. 하나는 모칼리를 앞세워 샤만집단을 장악하는 것이다. 또 하나는 미래 탄생될 키야드 씨족 연합정권에 대비해 그를 가장 강력한 세체베키 집단에 눈의 가시처럼 박아두어 그들의 동태를 감시하면서 내부분열 시키는 것이었다.

이 작전에 따라 칭기스칸은 모칼리를 누구의 눈으로 보아도 중립적인 인물로 비쳐질 수 있도록 그를 의식적으로 멀리했다. 몽골의 샤만들은 모칼리와 멍리그의 아들인 텝텡게리의 주도하에 몽골고원은 전투의 초원이고 용감한 자의 천하라는 북방의 격언을 어느 날 실행시켰다. 그곳에서 일어난 이야기는 우리가 다음에 도착할 곳에서 말하고자 한다.

위와 같은 과정을 거쳐 자모카의 세력권에서 분리한 이 거대한 집단은 칭기스칸과의 사전약속대로 푸른 호수에 모여들었다. 그리고 예정된

수순에 따라 알탄과 코차르의 사회 속에 키야드 씨족의 연합정권을 탄생시켰다. 칭기스칸은 칸위에 등극하기에 앞서 먼저 연합정권의 탄생에 공이 큰 세체베키와 알탄, 코차르베키에게 연합정권의 대표자 직을 맡아 줄 것을 요청했다. 그러나 칭기스칸의 목적을 애초부터 간파하고 있었던 그들은 이를 거절한 채 칭기스칸을 칸으로 추대한다는 푸른 호수의 서약을 낭독했다. 그리고 다음과 같은 말을 덧붙였다.

전쟁할 때 우리들이 너의 명령을 듣지 않는다면 우리들의 검은머리를 땅에 내던져라! 평화로울 때 우리들이 너의 평화를 깨뜨린다면 우리들을 죽음의 들판으로 내버려라!

초원의 문화는 흉노 이래 서약의 문화라고 간주해도 좋을 정도로 하늘과 백성 앞에서의 서약을 중시한다. 푸른 호수의 서약은 사실 키야드 씨족의 노얀들에게는 무서운 족쇄였다. 그들 스스로 칭기스칸의 질서를 깰 경우 죽음을 자청하고 있었다. 아마 이들이 이렇게 큰 소리를 칠 수 있었던 것은 그들의 힘이 칭기스칸과 대등했기 때문일 것이다.

그러나 그들은 칭기스칸의 주변에 모여든 잡다한 혼혈집단들을 보지 못하고 있었다. 그들이 왜 칭기스칸을 따라나섰으며 칭기스칸이 그들에게 약속한 미래의 새로운 패러다임을 알지 못하고 있었다. 혼혈집단의 미천한 사람들은 귀족의 혈통에 피만 살짝 담근 칭기스칸이 자신들을 가장 잘 이해하고 또 대변해 주리라는 것을 의심하지 않았다.

칭기스칸은 어린 시절부터 인생의 막장을 헤맸고 또 신혼의 단꿈까지 빼앗긴 그야말로 비운의 사나이가 아닌가. 현실은 현실대로 감싸고 또 미래의 달콤한 꿈을 끊임없이 이야기 해주는 대범한 인물이 아닌가. 그런 그가 키야드씨족의 노얀들을 모아놓고 그들 입으로 충성의 서약을 하게 했다는 것은 분명 새로운 시대의 서막이 아닐 수 없었다. 푸른 호수의 서약이 혼혈집단들의 마음을 울리며 하늘에 닿은 시기가 1189 년이었다.

1189년은 금나라의 명군인 세종世宗 완안옹完顔雍(1123~1189, 재위 1161~1189)이 세상을 떠난 해이다. 시대의 지도자란 행동과 배려로 인해 이름이 기억된 자들이다. 그런 지도자를 갖지 못한 국가나 시대는 불행하다. 바로 새로운 이념이 새로운 지도자에 의해 북방에서 격렬하게 피어나고 있었다. 『금사』에는 시대의 운명이 바뀌는 징표를 "붉은 노을이 마치 피에 젖은 흙과 같았다."라는 말로 표현하고 있다.

이 서약과 함께 다음과 같은 두 개의 축하전문이 도달했다. 하나는 옹칸의 것이고 다른 하나는 자모카의 것이었다.

너희들은 이 협의를 절대로 와해시키지 말라.
그리고 옷의 깃을 절대로 찢지 말라.

너희들은 지금 어떠한 생각을 품고 그를 칸으로 뽑았는가.

초원에는 살벌한 바람만이 불었다. 피 냄새를 풍기는 그런 바람이었다. 푸른 호수의 서약과 함께 피바람이 일 기미가 보이자 혼혈인간들의 눈물이 말없이 흘러내렸다. 미래에 대한 약속을 제시했던 성스러운 지도자를 위해 자신을 바친 가난하고 미천한 혼혈인간들의 눈물이었다.

아무런 쓰라림도 맛보지 않고 아무런 시련도 겪지 않은 사람이 어디 있으리 만은 고귀한 꿈을 위해 자신의 생명을 바칠 기회가 있다는 것은 정녕 복 받은 자들일 것이다.

사회의 발전이나 역사의 흐름에는 비약이 있을 수 없지만 마치 비약처럼 보이는 빠른 변화의 시기가 있다. 바로 칭기스칸이 푸른 호수의 서약을 맺은 뒤 몽골고원의 패권을 장악하기까지의 약 15년 간의 시기가 이에 딱 들어맞는다. 유라시아 대륙의 심장부는 불과 이 15년 동안의 시간에 전혀 새로운 모습으로 역사의 전면에 등장했다. 정말 이 시기는 누구의 눈으로 보아도 경이에 가깝다. 누가 잠자는 대륙의 심장을 깨운 것일까. 누가 통곡에 잠긴 고원을 환희의 고원으로 바꾸어 놓은 것일까.

세계를 잡고 싶은 야망가가 있다면 이곳에 와서 사색에 잠겨 보기를 바란다. 그러면 하늘 위로 던져지는 것은 우리들의 영혼이고 땅으로 떨어지는 것은 껍데기뿐인 인생길에서 마음을 같이 하는 동지들이 소중하다는 것을 느낄 것이다. 초원의 사람들이 가장 중요하게 생각하는 것이 바로 사람의 마음이다.

배반의 땅

아침에 잠깐 그쳤던 비가 10시쯤에 다시 부슬부슬 내리기 시작했다. 빗속에 뻐꾸기가 울었다. 비의 상태를 관찰하던 우리는 서둘러 푸른 호수를 떠났다. 이곳은 사방이 늪지가 비가 많이 오면 고립될 위험이 있기 때문이다. 고대 몽골의 속담에 고립된 것을 다음처럼 표현한다.

그림자 밖에는 친구가 없고 꼬리 밖에는 채찍이 없는 자!

우리처럼 차 한 대로 여행하는 사람들은 고립된 거나 다름없다. 언젠가 읽었던 책 속에서 길을 가고 있었던 수도사가 "그는 혼자이다. 그에게는 친구가 없다."고 중얼거리며 가는 모습이 정말 실감나게 떠올랐다. 정말 친구가 없다면 괴로울 것이다. 그가 친구를 사귀지 못한 원인은 사람들은 부모를 닮지 않고 자신의 나이를 닮는다는 페르시아의 속담처럼 자기 자신에게 있다. 겸손하지 못한 사람은 진실한 친구를 얻을 수 없다.

차가 북쪽으로 얼마쯤 올라가자 쳉헤르Цэнхэр강이 보이지 않는다. 푸른 호수는 칭기스칸이 어린 시절을 보낸 쳉헤르강의 발원지이다. 지금은 호수가 축소되고 서로 분리되어 푸른 호수의 바로 남쪽에 위치한 노곤 노오르Ногоон нуур(초록 호수)에서 발원한다. 한참을 가자 태양이 뜨면서 무지개가 비친다. 두 시간 쯤 달려 호르힌박Хурхын бар이라는 작은 마을에 도착했다. 그리고 이곳의 한 목민 집에서 점심을 먹었다.

이곳에서 말 잘하는 할머니를 태우고 칭기스칸과 자모카가 헤어진 배반의 땅으로 향했다. 할머니는 자기의 이름이 체렌르함Цэрэнрхам이며, 젊을 적에 수의사를 했다고 말했다. 한참을 가니 무성한 버드나무 장식을 지닌 빈데르 오보오Биндэр овоо가 나타났다. 이 오보오는 제사가 행해지는 씨족 오보오이다. 이곳이 바로 우리가 찾는 곳이다. 그러면 서약의 호수에 이어 배반의 땅에서 일어난 사연을 말해보고자 한다.

배반의 땅은 1189년 칭기스칸과 그의 라이벌인 자모카가 1년 반에 걸친 공동유목을 끝내고 대낮의 분열을 시작한 코르코낙 조보르이다. 이곳은 고대 몽골족의 성소였지만 그 날 이후 악몽의 기억만이 넘실거

빈데르 오보오

리는 비운의 땅으로 전락했다. 13세기 모든 몽골씨족들의 상징기호가 새겨져 있는 기록의 바위는 뭉개진 채 땅에 묻혔고 뜻을 달리하는 형과 아우, 아버지와 아들 간에는 증오와 저주만이 넘쳐흘렀다. 대분열 이후 그곳엔 그 날의 사연을 슬퍼하는 샘물바위(아라샹하드)의 눈물만이 흘러내릴 뿐 더 이상의 꿈이 존재하지 않았다.

씨족의 상징기호가 새겨진 성스러운 돌. 깨어진 귀퉁이가 앞에 보인다

　　그날의 사연을 들어보자. 1189년 어느 날 약속이나 한 것처럼 크고 작은 샤만들이 말했다.

　　하늘은 테무진에게 이 대지를 통치케 할 것이다!

　　엄청난 파문이 몽골부에 일기 시작했다. 모든 백성들은 놀라움과 두려움에 술렁거렸다. 자모카의 마음은 분노로 불타올랐다. "안다여! 나의 배반자여!" 그는 이제야 옹칸의 음모를 알아차렸다. 그러나 때는 늦었다. 더 이상 칭기스칸을 지지하는 신탁들이 퍼지기 전에 무슨 조치를 취하지 않으면 안 되었다. 이미 두 인물간의 분리는 움직일 수 없는 대세였다. 오직 분리의 때만이 남았을 뿐이었다. 흉흉한 소문들은 꼬리를 물고 이어졌고 백성들은 분리 시 누구를 택할 것인가를 두고 날카롭게 대립하고 있었다.

이러한 선택의 고민은 샤만집단의 또 하나의 대부이자 바아린Ba'arin 씨족의 족장이었던 코르치Khorchi에게도 다가왔다. 모칼리나 텝텡게리는 엄청난 파급효과를 지닌 이 인물을 집요하게 설득했다. 이들은 코르치에게 칭기스칸의 뒤에는 옹칸이 버티고 있다는 것과 함께 지지성명을 내 줄 경우 바라는 모든 것을 주겠노라고 제시했다. 그야말로 숨 막히는 순간이었다. 코르치의 침묵이 계속되는 사이 운명의 날은 다가왔다. 자모카는 그의 측근들과 협의를 거쳐 연합파기를 결정했다. 『몽골비사』는 연합파기 최후의 순간을 다음과 같은 자모카의 말로 장식하고 있다.

테무진 안다, 안다여! 산 근처에 하영하자.
그러면 우리들의 말치기들이 움막에 이를 것이다.
계곡 근처에 하영하자.
그러면 우리들의 양치기나 새끼양치기들이 먹을 것을 얻을 것이다.

매우 묘하고도 수수께끼와 같은 이 말은 무엇을 의미할까. 아마 칭기스칸과 자모카만이 알고 있는 말인지도 모른다. 자모카의 말이 전해지자마자 칭기스칸은 곧바로 분리의 신호를 보냈다. 대낮에 거대한 무리의 사람들이 각자 자기가 지지하는 인물을 따라 발길을 달리했다. 거대한 분열이었다. 형은 아우를 미워했고 아버지는 아들을 저주했다. 이제 그들은 돌아올 수 없는 다리를 건너고 있었다. 이 숨막히는 분리의 순간에 대샤만 코르치는 말했다.

나와 자모카는 성조聖祖인 보돈차르가 잡아온 여인으로부터 태어난 자들이다. 우리 집단은 원래 자모카와 헤어져서는 안 된다. 그러나 나에게 신의 계시가 내려왔다. 나는 그 계시의 내용을 목격했다. "하늘과 땅이 서로 논의하여 테무진을 국가의 주인으로 삼기로 했다!" 이 신탁을 나는 온 백성에게 전한다.

정말로 절묘한 타이밍에 이루어진 코르치의 울부짖는 계시는 칭기스칸을 감격시킬 만큼 극적이었다. 칭기스칸은 즉석에서 그에게 장래의 만호장 및 미녀 30명의 선택권을 약속했다. 칭기스칸에게는 가장 나쁜 그러나 어쩔 수 없는 약속이었다. 이후 이 약속으로 인해 칭기스칸은 큰 곤욕을 치렀다. 칭기스칸은 파장을 우려해 30명 선출의 대상을 몽골부가 아닌 삼림부족에 한정시켰다. 그러나 예측대로 그는 삼림부족 족장이나 지도급 인사들의 아내를 멋대로 빼앗았다. 이 때문에 반란이 일어났고, 그 결과 칭기스칸이 아들처럼 아꼈던 장군 보로콜이 반란 진압 중 전사하는 비극까지 생겼다. 그러나 코르치는 약속대로 지위를 뺏기지도 않았으며, 처벌되지도 않았다. 그러나 그의 행동은 기록으로 남았고 그의 가문도 후세로 이어지지 못했다.

대몽골제국의 탄생지 빈데르 솜

배반의 땅 주변에는 거란의 방어성인 어글렉친 헤렘을 비롯해 청동기 시대의 사슴돌, 흉노 고분 등 많은 역사유적이 있다. 이는 이 길 역시 중요한 요충지라는 것을 말해주는 것이다. 배반의 땅을 떠나면서 사람이라면 누구나 다 언젠가 그 누구를 선택해야 한다는 것에 마음이 우울해졌다. 제대로 만나야 될 텐데, 대부분은 그렇지 않은 것 같다.

이제부터 우리는 빈데르Биндэр 솜을 거쳐 다달Дадал 솜으로 이어지는 북상루트를 택하게 된다. 그런데 빈데르 솜과 다달 솜은 좀 묘한 곳이다. 빈데르 솜은 1206년 칭기스칸의 대몽골제국이 성립된 곳, 다달 솜은 칭기스칸의 탄생지로 국가공인을 받은 곳이다. 칭기스칸은 반드시 역사를 생각하는 인물이라는 점을 고려할 때 뭔가 불편한 진실이 있다. 오늘 그곳에 가서 그곳의 역사를 조용히 재구성해 보아야겠다.

우리는 밤늦게 빈데르 솜에 도착하여 자무카 안다라는 여관에 투숙했다. 여관주인인 멍흐빌릭Мөнхбилиг은 TV 역사 퀴즈에 출현해 상을 받을 정도로 역사지식이 뛰어난 친구였다. 정말 '영원한 지혜'라는 이름 뜻 그대로 이 지역 역사에 해박했다. 그는 이곳에 위치한 델리운볼닥Deli'un boldag이 바로 칭기스칸이 태어난 곳이라고 했다. 하긴 이 지역 출신의 역사가들은 모두 이곳이 칭기스칸의 탄생지라고 주장하고 있다.

아침이 밝아오자 식사를 한 후 대몽골제국의 탄생기념비로 향했다. 우리가 그곳에 도착하자 일단의 사람들

자모카안다 여관주인 멍흐빌릭

이 우르르 차를 타고 왔는데, 몽골의 환경보호 관계자들이었다. 톱신자르갈 교수나 양혜숙 선생 등 우리 일행과 면식이 있는 사람들도 꽤 있었다. 이곳을 둘러본 뒤 멍흐빌릭과 함께 칭기스칸이 태어난 곳으로 간주된 델리운볼닥으로 갔다. 나지막하고 평탄한 분지형 언덕인 델리운볼닥은 하늘에서 볼 경우 동물의 비장형태를 띠고 있다고 했다.

델리운볼닥의 가운데에는 하늘의 오보오라는 의미의 텡게리 오보오가 자리 잡고 있었으며 주변에 위치한 오논 강은 수많은 갈래로 나뉘면서 버드나무 숲을 이루고 있었다. 또 언덕 주변에는 다달솜처럼 차가앙 노오르Цагаан нуур(백색 호수) 등 3개의 호수가 있었다. 사실 몽골사를 전공하는 나에게 많은 사람들이 칭기스칸의 탄생지와 탄생년도에 대해 묻는 경우가 많다. 지금까지는 몽골정부의 공식적인 견해만 말해 주었지만, 이곳에서 내 개인적인 견해를 말하고자 한다.

『몽골비사』에는 칭기스칸이 태어날 때의 장소 특징과 상황이 다음과 같이 묘사되어 있다.

허엘룬이 오난 강의 델리운볼닥에 있었을 때 칭기스칸을 낳았다.
예수게이 바아토르는 아들이 "타타르부의 테무진 우게를 잡아왔을 때
태어났다"고 하여 테무진이란 이름을 주었다.

칭기스칸의 출생년도는 현재 크게 1155년과 1162년 설로 나누어져 있다. 1155설의 근거는 페르시아의 몽골역사서인 『집사』이며 1162년 설의 근거는 『원사』이다. 내몽골이나 몽골국에서는 1162년 설을 공식적으로 사용하고 있지만 문헌적으로 확정된 상태는 아니다. 칭기스칸이 태

칭기스칸의 탄생지 델리운볼닥(빈데리아솜)

어난 델리운볼닥은 '비장脾臟 모양의 언덕'이란 뜻으로 몽골정부는 다달 솜에 위치한 고르반 노오르(3개의 호수)가 『몽골비사』에 기록된 탄생지라고 공식적으로 인증했다.

다달솜의 델리운볼닥과 칭기스칸 탄생지 기념 오보

이 고증의 배경을 이루는 근거가 페를레에 교수의 학설이다. 몽골의 존경받는 학자인 페를레에 교수는 시골의 페를레에라는 별칭이 붙을 만큼 현장을 반드시 확인하는 학자이다. 당시 사회주의 시절에 그가 말하지 못 한 그 무엇이 있을지도 모르지만 오논 강이 아닌 발지 강이 흐르는 옆에 위치한 다달 솜의 한 언덕을 비장의 언덕으로 고증했다.

그러나 나는 다음과 같은 이유를 들어 그의 비정에 동의하지 않는다. 하나는 이 언덕은 『몽골비사』의 기록처럼 반드시 오논 강 주변에 있어야 한다는 것이다. 발지Balji 강이 오논 강의 지류이니 크게 보면 오논 강으로 볼 수 있다는 견해도 있지만, 칭기스칸 당시 이미 그 강이 발지 강으로 불리었던 점을 고려하면, 그 같은 비정은 성립하기 어렵다.

둘째는 보다 근본적이고 철학적인 이야기인데, 칭기스칸의 사적을 연구하다보면 그가 역사를 기억하고 활용하는 아주 놀라운 특징을 보이고 있다는 점이다. 즉 앞서도 말했듯이 그가 한 말이나 그가 선택한 장소는 모두 눈에 보이듯 역사의 상징이 숨어 있다는 점이다. 이런 점을 감안하고 이곳을 바라볼 경우 『몽골비사』에 기록된 두 가지 상징이 이 지역에 나타난다는 것이다.

하나는 테무진이 청소년으로 자라나자 이전 예수게이와 동맹을 맺고 있었던 타이치오드 내 세력들이 후환을 제거하기 위하여 그를 잡아다 가둔 곳의 지리적 특징이다. 테무진이 잡혀 간 곳은 바로 테무진에게 호감을 가지고 있었던 타르코타이 키릴톡의 유목지이다. 그의 유목지가 바로 빈데르 솜인데, 이곳에 흐르는 오논 강의 특징이 테무진이 탈출해 숨었던 오논 강의 특징과 아주 일치한다는 점이다.

테무진이 탈출해 숨었던 당시의 기록이 『몽골비사』에 상세히 기록되어 있는데 그것을 소개하면 다음과 같다.

타르코타이 키릴톡이 테무진을 데리고 갔다. 그는 자기의 백성들에게 법령을 내려 매 아일마다 테무진을 하루씩 숙박시키도록 했다. 이렇게 매 아일마다 테무진을 하루씩 숙박시키며 쭉 나아가고 있을 때 여름이 시작되는 달孟夏인 16일에 붉고 둥근 태양이 빛나는 날에 타이치오드 씨족인들은 오난하의 언덕 위에서 연회를 열고 있었다. 태양이 지자 그들은 흩어졌다. 연회가 열릴 때 테무진을 그 연회 처로 겹약한 사람이 데리고 왔다. 연회에 참가했던 사람들이 흩어지자 테무진은 그 겹약한 사람의 손으로부터 보카오(Y자형 나무로 만든 목조임 형틀)를 잡아빼 그것으로 그의 머리를 한번 가격한 뒤 오난 강 숲 속 쪽으로 뛰어갔다. 테무진은 오난 강변의 숲 속에 엎드려 있다가 "발각되기 쉽다"라고 생각한 뒤 여울져 흐르는 물속으로 들어가 하늘을 바라보며 누웠다. 보카오를 물이 흐르는 데로 띄우면서 얼굴만 밖으로 내어놓은 채 누워 있었다. 그 테무진을 놓쳤던 사람은 큰 목소리로 "잡아라! 사람을 잃어버렸다!"라고 외치자 흩어졌던 타이치오드 씨족의 사람들이 모여들었다. 달빛이 대낮처럼 밝게 비치는 가운데 그들은 오난 강변의 숲을 수색했다. 여울 속에 테무진이 누워 있는 것을 솔도스 씨족의 소르칸시라가 바로 이곳을 지나다가 발견하고 말하기를 "바로 이러한 재능을 가지고 있기 때문에 '눈 속에 불이 있고 뺨에 빛이 있다'고 타이치오드 씨족의 형제들이 이렇게 너를 질투하고 있구나. 네가 그렇게 누워 있다는 것을 나는 누구에게도 말하지 않겠다"고 하며 지나갔다. 타이치오드 씨족의 수색자들이 "다시 돌아가 수색하자!"고 서로 말하고 있을 때 소르칸시라가 말하기를 "옳다! 옳다! 우리들이 지나온 길 중에서 못보고 지나친 곳을 다시 보자! 돌아가 수색하자!"라 했다. 모두들 "좋다"고 말했다. 수색해 왔던 원래의 길로 돌아가 수색을 시작하자 다시 소르칸시라가 이곳을 지나면서 말하기를 "너의 형제들이 입속의 이빨을 갈고 있다. 그렇게 누워 숨어 있도록 해라"고 하면서 지나갔다.

다달 솜 델리운볼닥 주변에 있는 발지 강도 무성한 지류를 자랑하지만 오논 강은 아니라는 점에서 논의할 필요가 없다. 오논 강 중 이렇게 무성한 지류를 자랑하고, 또 타이치오드 인들의 신년축제가 벌어질 만큼 타이치오드의 정통 장손세력이 자리 잡은 곳은 타르코타이 키릴톡의 유목지 이외에는 찾아볼 수 없다. 러시아 자바이칼주(옛 치타주) 오논스키-라이온Ононский район에 위치한 칭기스칸의 탄생지라는 또 하나의 델리운볼닥 주변에 흐르는 오논 강은 사람이 숨을 만큼 광대한 지류를 가지고 있지 못하다. 따라서 지리적인 특징만으로 볼 경우 이곳이 제일 유력하다.

러시아 자바이칼주 호리-보리아드 지역 오논스키-라이온(Ононский район)에 위치한 델리운볼닥.
이 탄생지를 보리아드인들은 훙후르(Кункур)라고 부른다.

두 번째는 타이치오드 씨족 출신 암바카이칸의 피살로 인해 일어난 몽골부와 타타르부 간의 13차전 당시 몽골 연합군의 중심거점이자 후방 기지 중의 하나가 이곳 빈데르 솜일 가능성이 높기 때문이다. 특히 이곳 빈데르는 이후 그의 동맹자이며 타이치오드족 적장자인 타르코타이 키릴톡의 본거지였으므로 예수게이의 아내인 허엘룬Hö'elün이 이곳에 있었을 가능성이 아주 높다는 점이다.

결론적으로 위 두 가지 사례는 이곳이 칭기스칸에게 모두 탄생과 재탄생의 땅이라는 상징성을 가지고 있음을 보여주고 있다. 따라서 그가 1206년 대몽골제국의 탄생지로 이곳을 선택했다는 것은 극히 자연스러운 일로 볼 수 있다.

북방의 성수 3을 상징하듯 세번이나 탄생이 이루어진 성스러운 장소인 빈데르 솜의 델리운볼닥은 피라미드의 눈과도 같은 역사의 삼각상징이 빛나고 있는 곳임을 알 수 있다. 1206년 칭기스칸과 그를 따르는 잡종인간들은 이곳에서 그들이 원한 새로운 세계에 대한 꿈과 질서를 창조할 것을 하늘에 다짐했다. 그것이 바로 제1차 지구촌 제국의 이념인 팍스 몽골리카이다.

역대 북방민족들의 역사를 살펴보면 사상적으로 만물은 모두 청정하다는 자연법적 인식체계, 정치적으로 직접참여 민주주의, 경제적으로 교역중시라는 이념을 갖고 있음이 나타난다. 이것이 바로 홍익인간의 이념이며 팍스-몽골리카의 원천이다. 이러한 이념을 현실에 적용시킬 수 있었던 세력은 정착지대의 관료가 아니라 분배의 논리가 명확한 이동지대의 유목민들이다. 당시 중앙아시아의 상인들의 움직임을 보면 신흥세력인 칭기스칸에게 세계의 새로운 재편을 요구한 면이 보인다.

이들이 구축한 팍스 몽골리카의 핵심은 열린사회(수평마인드)와 다민족공동체를 바탕으로 무제한 경쟁체제의 자유무역, 단일지폐 경제권, 한 분야의 전문가를 존중한 전문 계약직의 사회, 교통과 통신혁명jamchi, 바다와 육지를 이은 물류기지의 제국, 다국어를 바탕으로 한 연회와 계약서의 제국, 종교문제가 없었던 유일의 제국, 정보·과학 인프라를 생명처럼 여긴 제국 등이다.

만약 여러분이 몽골에 와서 이곳을 거쳐 지나갈 기회가 있다면 반드시 이곳을 들려 세계 역사의 흐름과 사상을 바꾸어버린 그 다짐과 서약을 듣기 바란다. 그러면 칸의 자리보다 칸의 유산을 탐내는 그런 사고가 어느 순간 다가올 것이다.

몽골의 어머니 허엘룬

대몽골제국 제국의 탄생지인 빈데르 솜에서 떠오르는 인물이 몽골인들에게 몽골의 어머니 혹은 텡게리 에즈(하늘의 어머니)라 칭해지는 허일룬이다. 사실 그녀의 일생에 대해서는 몽골인들보다도 주변국 사람들의 관심이 더 관심이 많다. 칭기스칸이 메르키드의 아들이라든가 예수게이가 죽은 뒤 멍리그와 재혼했다는 등 그녀를 둘러싼 불편한 진실은 지금도 오해와 오해를 불러일으키며 이어지고 있다.

그녀가 살았던 시대는 대내외적으로 불길한 구름들이 고원의 곳곳에서 피어나고 몰려오던 격동의 시대였다. 당시의 상황을 『몽골비사』는 다음과 같이 전하고 있다.

수많은 별을 가진 하늘도 돌고 있었다.

모든 나라는 우리를 배반하였다.

편안히 침대위로 들어가 자지도 못하고 서로 노략질했다.

푸른 풀로 덮인 대지도 구르고 있었다.

온 나라가 서로 다투고 있었다.

편안히 이불 속에 들어가 눕지도 못하고 서로 공격했다.

따라서 이 여인의 삶 역시 파란만장하리라는 것은 눈에 선하다. 그러나 당시의 몽골인들은 그녀의 과거보다 미래 영웅 칭기스칸을 기른 그녀의 강건함과 위대함을 칭송했다. 1206년 대몽골제국이 탄생하고 그곳에서 그녀의 생존에 대한 처절한 이야기가 읊어질 때 모든 몽골인들은 숨 죽여 울었다.

칭기스칸을 낳아 그 위대한 황금씨족을 탄생시킨 몽골의 성스러운 어머니, 헤엘룬! 칭기스칸의 일생을 읊은 『몽골비사』에는 당시 어머니가 겪었던 비련의 사연이 매우 처절하고도 구슬프게 묘사되어 있다. 이 여행기에서는 『몽골비사』에 수록된 그녀에 대한 시 몇 편을 조합해 그녀의 일생을 소개하는 것으로 그치고자 한다.

사랑하는 나의 님에게 나의 속옷을 바칩니다.

당신은 다시 사랑하는 여인을 만나

내 속옷의 향기처럼 그 여인을

나를 대하듯 사랑하소서.

그리고 영원토록 그대를 사모할 내 사랑의 향기도 잊지 마소서.

당신은 비바람 휘몰아치는 광야에서 나를 그리며 울고 있지는 않나요
배고픔에 싸인 채 흐르는 눈물을 두 손으로 닦고 있지는 않나요
당신은 그 고운 머리털을 휘날리며 지금 어디쯤 가고 있나요.
아! 나의 사랑! 칠레두 …

여인은 오난하에 물결이 일어나고
숲이 흔들릴 정도로 큰 소리로 울었다.

여인이여! 슬퍼하는 여인이여!
그대가 그토록 포옹하고 싶은 사람은 이미 수많은 고개를 넘어갔다.
지금 그대가 울어주는 그 님은 이미 수많은 강을 건너갔다.
모든 것은 흘러 원점으로 돌아가듯
아무리 애달픈 사연도 세월의 바다에 파묻혀 사라지리니
울음을 멈추고 용사 예수게이의 뒤를 따르라.

보르지긴 씨족의 노얀인 예수게이에게 딸을 약탈당한 옹기라드 씨족은 이 냉혹한 현실 앞에 눈을 감은 채 그들의 좌우명만을 어루만질 수밖에 없었다.

우리는 다른 씨족의 사람들처럼 나라의 지배권을 둘러싸고 다투지 않는다.
오직 아름다운 여인으로만 승부할 뿐이다.
또 혼인의 과정이 아니라 결과만을 인정할 뿐이다.

...

어린 테무진은 울고 있었다.
타르코타이 키릴톡이 모든 것을 빼앗았다.
동맹자들은 냉혹히 예수게이의 아들들을 저버렸다.
이 비극의 순간에 어머니 허엘룬은
키야드 보르지긴 씨족을 상징하는 그 빛나는 깃발을 움켜잡았다.
그리고 절규하듯 이들의 앞길을 막았다.
그러나 모든 백성들은 동맹자의 뒤를 따라 떠나갔다.
...

구제불능의 망종들!
너는 나의 음부에서 기세 좋게 나올 때
손에 검은 핏덩이를 움켜쥐고 태어났다.
너희들은
자기의 태반을 물어뜯는 카사르(맹견의 일종)처럼
바위에 돌진하는 카블란(산고양이)처럼
스스로 분노를 억누르지 못하는 사자처럼
살아 있는 것을 통 채로 삼키는 망고스(이무기)처럼
자신의 그림자를 보고 달려드는 송골매처럼
소리 없이 집어삼키는 초라가(식인어)처럼
어린 새끼의 뒷다리를 물어뜯는 숫낙타처럼
눈보라 속에서 먹이를 찾아 헤매는 늑대처럼

칭기스칸의
사계

날지 못하는 어린 새끼들을 잡아먹는 앙기르(오리의 일종)처럼
보금자리를 건드리면 무리 지어 덤비는 처에버리(승냥이)처럼
순식간에 덮치는 호랑이처럼
미친 듯이 날뛰며 공격하는 바로그(맹견의 일종)처럼
그렇게 벡테르를 죽였다.
그림자 밖에는 친구가 없고 꼬리 밖에는 채찍이 없는 이때에
타이치오드씨족의 형제들이 준 고통이 끝나지도 않은 이때에
복수를 누가 할 것인가 라고 말하고 있는 이때에
너희들은 어떻게 이런 일을 저질렀단 말인가
아! 하늘이여!
도대체 내가 어떻게 살아야 한다는 말인가!

...

여장부로 태어난 어머니 허엘룬!
복타모자를 단단히 매고 허리띠로 델을 치켜 올리며
아이들을 키웠던 어머니 허엘룬!
밤낮으로 오난 강변을 오르내리며 야생 과일들을 주워
배고픈 아이들을 먹였다.
위엄과 행복을 가지고 태어난 어머니 허엘룬!
삼나무 막대기로 풀뿌리들을 파서
축복받은 아이들을 먹였다.
어머니 허엘룬이 파와 마늘로 키운 아이들은 이윽고

칸들로 될 만큼 크게 자라났다.

엄격한 어머니 허엘룬!

그녀가 야생과일로 키운 아이들은

법도 있고 현명하게 자라났다.

아름다운 어머니 허엘룬!

그녀가 캐온 야생파와 야생 마늘을 먹고 자란 철부지 아이들은

두려움을 모르는 훌륭한 용사들로 되었다.

칭기스칸의 탄생지 다달 솜

우리는 이제 빈데르솜을 떠나 산길을 택해 다달 솜으로 가려고 한다. 우리가 가는 길은 이전 길과 마찬가지로 눈여겨 볼 지명과 전설들이 넘쳐흐르는 땅이다. 우리의 등을 미는 역사의 바람은 우리들을 어느 곳으로 이끌까. 아마 그 영원한 하늘만이 알겠지…

다달 솜으로 출발 전에 「오논 강의 상류에 위치한 백색호수의 언덕 Ононы төрүү цагаан нуур дэнж」이란 긴 이름을 지닌 대몽골제국 탄생지에서 영원한 하늘을 향해 예를 올리면서 우리가 가는 곳에 대한 하늘의 가호를 빌었다. 델리온볼닥 옆에 위치한 백색 호수 차가앙노오르에는 오리들이 많았고 또 말들이 발을 담근 채 사색하고 있었다.

우리는 호르힌 강이 오논 강에 합류하는 곳에 위치한 오논-호르힌 골린 벨치르Онон Хурхын голын бэлчир란 곳으로 향했다. 이 지역에는 '오논 강과 호르힌 강이 합류하는 지점에 형성된 초지' 라는 뜻을 지닌 이

1206년 대몽골제국 성립지

곳에서 옛날 코톨라칸이 즉위했다는 전승이 계승되고 있다. 그들은 이 곳을 예전에는 코르코낙 조보르라고 불렀다고 한다. 또 원래 빈데르 솜 은 이곳에 있었는데 1957년 대홍수 때 파괴되어 현재의 빈데르 솜으로 옮겼다고 한다.

옛날 칭기스칸이 숨어 있었을 듯한 오논 강을 바라보며 호르힌 강을 건넜다. 이 일대에는 제주도 송당오름 일대에서 흔하게 볼 수 있는 피뿌리 풀 꽃이 온 초원과 언덕을 뒤덮듯 사방에서 바람에 흔들리고 있었다. 피뿌 리풀은 몽골어로 70개의 머리를 지녔다는 달란 투루우далан тургу라고 부 른다. 제주도에 있는 이 꽃은 몽골의 역사를 전해주는 초원의 꽃이다.

산길을 32km 정도 나가니 멀리 바얀아다르가Баян-Адарга 솜이 보인 다. 우리는 오후 2시쯤 그곳에 도착했다. 바얀아다르가 솜의 식당은 아 주 깨끗했다. 또 이곳의 여군수인 솔롱고Солонго는 톱신자르갈 교수와 매우 친밀한 사이였다. 우리는 식사 후 그녀와 문화담당 공무원의 안내 로 '춤추는 소나무' 혹은 '메아리치는 소나무'라는 뜻을 지녔다는 도를 릭 나르스Дурлиг нарс 흉노고분을 돌아보았다. 이곳은 몽골 고고학연구 소와 한국국립중앙박물관 합동으로 발굴이 진행되는 곳이다. 이곳을 잠 시 산보하였는데 소나무 숲 곳곳에 흉노의 무덤들이 보였다. 200여기 가 있다고 했다. 바람이 불어오자 정말 메아리가 일면서 소나무가 춤추 는 듯이 보였다.

바얀아다르가 솜에는 이곳으로 출신으로 몽골 라마교 활불인 젭춘 담바 8세의 카톤이 된 여인 2명을 기념하는 건물을 조성 중이었다. 역 사가 복원되고 있는 것이다 우리는 바얀아다르가 솜을 떠나기 전 솔롱 고 군수의 소개로 이 지방의 민요가수로 지정된 함수렝Хамсурэн 할머니의 집에 들려 지방 전통노래를 들었다. 장가 풍의 아름다운 노래이다.

우리는 노래를 들려준 것에 대한 감사를 표한 뒤, 차에 올라 다달 솜으로 향했다. 다달 솜에 가까이 오자 오논 강이 나타났다. 우리는 이동뗏목에 차를 싣고 오논 강을 건넜다. 이 강은 이제 고향인 몽골을 떠나 러시아로 들어간다. 그리고 머나먼 길을 거쳐 에르군네Ergüne 강과 합류한 뒤 아무르 강(흑룡강)이란 새로운 이름을 가진다. 에르군네 강은 내몽골의 헐런Хөлөн 호수로 흘러들어간 헤를렌 강이 동쪽으로 다시 흘러나올 때 붙은 이름이다. 그들이 합류해서 태어난 흑룡강에는 백두산에서 발원한 송화강도 흘러와 하나가 된다. 결국 보르칸 칼돈의 물과 백두산의 물이 만나는 것이다. 머나먼 곳으로 떠나는 아름다운 오논 강이여 안녕!

우리는 저녁 늦게 다달 솜에 도착하여 '칭게스 고르반 노오르' 휴양소에 짐을 풀었다. 뻐꾸기가 울었다. 아직 게르가 준비되지 않아 러시아식 목조 가옥을 숙소로 택했다.

나는 1991년부터 최소 2년에 한번 꼴로 이곳을 방문했다. 때문에 이곳의 변화를 잘 알았다. 처음 올 때 나를 안내한 사람이 다달 솜의 젊은 군수였다. 지금은 고인이 된 흉노전문 역사학자인 간볼드Ганболд 교수의 친동생이다. 영어, 중국어, 러시아어를 자유롭게 구사하는 간볼드 교수는 나보다 나이는 어리지만 아주 친했는데 뜻하지 않은 일로 세월의 풍파를 겪다가 2010년에 이 세상을 떠났다.

다달 솜에 오면 항상 변하지 않는 광경 하나가 있다. 그것이 다달 솜 델리운볼닥 언덕에 뜬 금성이다. 이른 저녁때부터 홀로 밝은 빛을 내며 떠 있는 이 별은 마치 동방박사의 샛별처럼 칭기스칸의 탄생을 떠올리게 했기 때문이다. 이 별을 바라보다가 그 주변을 지나가는 인공위성을 본 적도 한두 번이 아니다.

우리가 묵는 휴양지 숙소 앞에는 이곳 사람들이 델리운볼닥의 입증으로 내세우는 3개의 호수 중 하나가 자리 잡고 있다. 이 호수 앞에 1962년에 칭기스칸 탄생 800주년 기념으로 세워진 칭기스칸 탄생비가 있다. 이곳 휴양소 주변이나 다달 솜에는 적송이 많이 자라고 있다. 몽골 북부 지역에서 흔하게 자라는 나무인 적송은 주로 목조건물의 울타리나 땔감으로 사용된다.

이런 저런 생각을 하는 사이 다달 솜의 밤은 깊어 갔다. 다달 솜은 '국경의 밤'이란 시가 생각날 정도로 러시아 국경과 아주 가깝다.

다음 날 아침 식사를 마치고, 우리는 델리운볼닥으로 향했다. 델리운볼닥 주변은 세계 모든 사람들에게 알려진 관광지라서 그런지 인조구조물들이 자꾸만 들어선다. 1991년 이곳에 올 때 언덕 위에는 오보오는커녕 아무 것도 없었다. 지금은 장대한 오보오와 함께 건너 편에 칭기스칸의 샘물이라는 전설 아닌 전설의 샘물까지 생겼다. 지금 이곳에 비가 오지 않아 그 성스러운 샘물은 말라 있다.

나는 델리운볼닥에 올 때마다 이곳이 비장의 어떤 특징을 나타내주는 가에 관심이 많았다. 그러나 고려대 의대 해부학 교수인 엄창섭 교수를 제외하고는 아무도 그것을 설명해주지 못했다. 엄창섭 교수는 남자의 경우 우리 몸에 세 개의 혈관이 모이는 곳이 세 군데 있는데, 그 중의 한 곳이 비장이고, 다른 두 곳은 눈과 방광이라고 했다. 그는 비장의 언덕 아래에 있는

발지 강의 갈래들이 혈관처럼 얽혀 비장의 언덕으로 향해 있다는 것을 지적하면서 그것이 외형적으로 비장의 해부학적 구조와 닮았다고 했다. 그래서 아마 이곳을 비장의 언덕이라 부른 게 아닌가 한다는 의견을 제출했다. 해부학 전문가의 말이니 그의 말도 일리가 있을 것이다.

사실 경사가 급하고 정상부분이 좁은 이곳은 게르를 치고 살림하기보다는, 주변을 감시하는 경계초소를 세우기에 적절한 위치였다. 이곳 비장의 언덕은 애를 낳고 살림을 하기에는 너무도 불편한 곳이었다. 나

칭기스칸탄생지(델리운볼닥)에서 내려본 발지하 전경

는 다달 솜에 올 때마다 별로 감동을 받지 못했는데, 누가 이렇게 내 마음을 봉인하는 것일까.

대몽골제국 때 페르시아 출신의 역사학자인 주바이니Juvaini (1226~1283)는 당시의 몽골인들이 세계라는 개념을 최초로 인식하고 확립했다는 것을 기리기 위해 『세계정복자사』라는 역사서를 썼다. 이 속에는 칭기스칸의 탄생과 업적을 칭송하는 다음과 같은 시가 있다.

> 칭기스칸의 행운이 일어나고부터
> 고난의 해협은 행복의 바다가 되었고
> 감옥은 정원으로
> 빈곤의 사막은 기쁨의 궁전으로
> 끊이지 않는 고통은 조용한 기쁨으로 변하였다.

다달 솜에서 초이발산까지

우리는 이제 다달 솜을 떠나 초원의 도시 초이발산으로 가려고 한다. 다달 솜에서 초이발산에 이르는 길은 그야말로 장대한 초원의 길이다. 또 이 길을 가다보면 타타르부와 금나라를 기억나게 하는 역사유적들을 만나게 된다. 그것이 바로 1196년 칭기스칸과 옹칸의 연합군에게 공격당한 도타오드 타타르Duta'ud Tatar 씨족의 2개의 후방병참기지인 코소토 시투엔Khusutu Shitüyen, 나라토 시투엔Naratu Shitüyen 및 금나라의 북방 방어성벽이다. 다달 솜을 떠난 우리는 자그마한 시골 마을인 노로블린

Норовлин 솜을 거쳐 오후 3시쯤 코소토 시투엔이 위치한 바얀오올Баян Уул 솜에 이르렀다.

올즈Улз 강변에 자리 잡은 바얀오올 솜은 러시아풍을 연상케 하는 아담한 마을로 빨간색 지붕이 많았다. 바얀오올 솜에서 동북으로 나가면 다시발바르Дашбалбар 솜이 나오는데 그곳은 보리아드 샤만들이 많이 거주하는 마을이다. 이들은 몽골서부지역의 헙스걸에 거주하는 토바 샤만들과 함께 몽골 샤만의 양대 계보를 이룬다. 그러나 이들은 모두 기원적으로 초원계열의 샤만이 아니라 삼림계열의 샤만집단에 속한다. 바얀오올 솜의 중심에서 남쪽으로 6km에 위치한 산속에는 하르히라아Хархираа라는 보리아드 샤만들의 가장 큰 굿당이 존재한다.

오올바얀 솜에서 역사를 가장 잘 아는 엥흐바르스Энхбарс(1958년생)의 안내로 『몽골비사』에 기록된 역사의 장소를 찾아 나섰다. 솜의 중심에서 동쪽으로 나가는 길을 따라 가다가 5분도 안되어 길가 옆에 들판으로 들어가 차를 멈추었다. 그는 들판 멀리 왼쪽부분에 위치한 산 하나를 가리키며 그 산이 바로 코소토 시투엔이라고 했다. 오늘날에는 "기旗가 있는 산"이란 뜻의 톡-언더르Туг Өндөр라고 부른다고 했다. 그리고 여기서는 보이지 않지만 서쪽에 나라토 시투엔이 있다고 했다.

그는 코소토 시투엔과 나라토 시투엔을 모두 서로 이어진 한 곳으로 비정하고 있었다. 코소토 시투엔 들판에서 남쪽을 바라보니 고대의 올자Ulja 하가 고요히 흐른다. 강이라기보다는 냇가에 가까운데, 엥흐바르스는 "올즈 강에는 물고기가 없다"고 말했다. 이 조그마한 북방의 한 냇가에서 세계전쟁이라는 큰 샘이 열렸다. 이를 기점으로 금나라의 시대는 물러나는 파도와 바람이 되었고, 몽골고원에는 그늘이 없는 들판에

서 고통과 눈물이 생존자의 입을 막는 슬픔과 두려움이 가득 찬 시대가
전개되었다.

　　고원의 모든 전쟁이 시작된 곳!
　　조각구름이 달 행세를 하는 시대를 끝마친 곳!

　　코소토 시투엔 주변에는 "자작나무가 있는 샘물"이란 뜻의 호스틴
볼락Хустын булаг이라는 샘물이 있다. 이곳에 잠시 멈추었다. 우리는 이

자작나무가 있는 성소라는 뜻의 코소토 시투엔(바얀오올솜)

곳에서 칭기스칸을 부르며 예를 올렸다. 그러자 갑자기 비 없는 바람이 불어오면서 저 멀리 3개의 무지개가 떴다. 그리고 순식간에 사라졌다. 뻐꾸기가 울었다. 우리가 여행길에서 자주 만났던 3개의 상징(비, 뻐꾸기, 무지개)이 동시에 나타났다.

그대들은 그대들의 눈에만 태어나고 흩어지는 무지개의 빛을 보았다.

나의 안다인 톱신자르갈이 그것을 보더니 남은 여정도 순조로울 것이라고 기뻐했다. 바얀오올 솜에서 바얀동Баяндун 솜까지는 60km이다. 몽골 장가협회장이며 공훈가수이기도 한 톱신자르갈 교수는 나와 20년 전에 "태어난 곳을 틀려도 죽는 곳은 같다"라는 안다 맹약을 맺은 사이이다. 젊은 시절에 몽골의 유명한 유도선수이기도 한 그는 유명한 인기가수인 바야스갈랑Баясгалан의 아버지이기도 하다. 우리는 20여 년 이상을 함께 칭기스칸의 향기를 따라 이곳저곳 다녔다. 우리는 몽골이나 한국에서 사람들에게 서로를 소개할 때, 나는 그에게, 그는 나에게 '이 세상에서 가장 소중한 친구'라고 말한다. 그는 언젠가 모든 사람들의 가슴을 울리는 에젠 칭기스의 노래를 만들고 또 부를 것이다.

샘가에서 잠시 쉰 우리는 나라토 시투엔이 위치한 바얀동 솜을 향해 떠났다. 바얀오올 솜 지역의 사람들은 나라토 시투엔이 코소토 시투엔과 이어진 곳에 있다고 말하지만 바얀동 사람들은 손사래를 치면서 자신들의 마을에 있다고 주장한다. 『몽골비사』에는 1196년 초여름에 일어난 이 사건이 다음처럼 기록되어 있다.

올자Ulja 강의 코소토 시투엔, 나라토 시투엔에 쫓겨 와 있었던, 도타오드 타타르씨족의 메구진세울투Megüjin-Se'ültü를 위시한 타타르족은 이미 그곳에다 방어성채를 만들어 세웠다. 칭기스칸과 토오릴칸 2인은 이 방어성채를 기습하여, 메구진세울투를 비롯한 모든 남자들을 죽였다. 칭기스칸은 이곳에서 그들이 소유했던 은제요람과 진주가 붙어있는 이불을 획득했다.

이곳에 등장하는 타타르부 요새의 위치는 사회주의 시절 몽골의 자존심이라 불렸던 대학자 린첸Ринчэн 선생이 고증하였다고 한다. 『몽골비사』133절부터 135절의 기록을 확인하기 위해서는 반드시 이곳에 와야 한다. 금나라의 북방경계선 밖에 위치하고 있는 호스틴볼락과 나란볼락Наран булаг은 샘이 있는 샤만의 성소임이 분명하다. 타타르부 중 가장 강대한 도타오드 씨족이 자신의 부녀자들과 어린이, 노인, 물자 등을 이곳에 둔 것은 그들의 본거지인 보이르 호수 남쪽으로부터 상당히 떨어진 곳이다. 도타오드란 한자 도독都督의 음역이다.

이름 모를 봄꽃들이 무수히 피어오른 초원길을 가다 오후 5시 무렵에 바얀동 고개에 이르렀다. 바얀동 솜으로 들어가는 이 고개는 아주 인상적인 자작나무의 고개였다. 대부분의 자작나무가 말라죽어 죽음의 자작나무 숲과 같은 느낌이 들었다. 이 광활한 자작나무의 숲에도 뻐꾸기의 소리가 들린다. 바얀동이 보이는 돈드 얼린 다와아Дунд Өлийн даваа에 이르러 다시 영원한 하늘과 에젠 칭기스칸을 향해 경건히 제를 올렸다. 그러자 비가 내렸다. 누구의 눈물일까. 혹시 타타르부의 눈물은 아닐까.

우리는 바얀동 솜에 들어가자마자 칭기스칸이 여섯 번째 동생으로 불렀던 시기코토코Shigi-Khutukhu의 향기가 어린 나란 볼락으로 향했다. 바얀동 솜의 중심에 위치한 나란 볼락은 '태양의 샘'이란 뜻으로 바로 이곳이 그 유명한 나라토 시투엔이다. 현재 이곳에는 시기코토코를 기리는 오보오가 세워져 있다. 바얀동 솜의 이름은 이 샘물로부터 북쪽으로 45km 떨어진 바얀동오올(제사유적지)에서 유래한다.

타타르부 출신으로 허엘룬의 양자가 된 이 어린 아이는 이후 대몽골제국의 신질서를 관장하는 대단사관大斷事官에 임명되었다. 칭기스칸은 시기코토코에게 9차례 범죄에도 처벌되지 않는다는 특전을 줄 정도로 총애했는데 이는 그가 내부질서의 정립에 칼날 같은 원칙을 가지고 임했기 때문이다. 그의 정치적 위상은 어거데이카간과 멍케카간 시대 동안 변함없이 유지되었지만 코빌라이 정권 하에서는 정치적 실세를 상실하였다. 그 이유는 그가 제국의 권력계승원칙을 깬 코빌라이를 공개적으로 비난했기 때문이다. 그 공개 비난 뒤 그는 82세의 나이로 사망하였다. 그의 사망은 제국의 법률이 사망한 것과 같았다.

나란볼락 시기코토코 오보

태양의 성소라는 뜻의 나라토 시투엔(나란볼락)

대몽골제국의 열린 국회인 코릴타Khurilta의 기능 중 가장 중요한 것의 하나가 권력계승에 있어서의 민주주의이다. 칭기스칸의 그의 예케 자삭Yeke Jasag에서 코릴타를 통한 후계자의 선출을 절대 절명의 과제로 명시하고 있다. 코릴타에서의 어마 어마한 검증절차를 통과하는 자만이 제국을 통치할 수 있다. 또 이 원칙은 대칸만이 아니라 연방의 수장에서 부터 10호에 이르는 그 누구에게도 모두 해당되는 것이다. 대몽골제국에 있어 코릴타는 후계자 임명에서부터 친인척관리에 이르기까지의 기능을 자연스럽게 수행했다. 만약 이 시스템에 제약이 가해진다면 당대는 몰라도 그 다음 대에 문제가 발생하리라는 것은 불 보듯 뻔했다. 바로 시기코토코는 이것을 직시한 것이다. 원칙이 깨지면 모든 것이 깨진다. 코빌라이의 쿠데타 후 진행된 역사의 과정은 그의 예언처럼 정말 그대로 되었다.

이곳을 둘러본 뒤 우리는 안면이 있는 한다 할머니 집을 방문한 뒤 남닥 할아버지의 집으로 가 오늘 하루를 머물기로 했다. 워낙 손님이 없는 이곳의 여관은 부실할 뿐만 아니라 식사 제공도 안 되어 머물 수가 없다. 남닥 할아버지는 호리-보리아드 사람으로 알랑고아 설화에 대해 잘 알고 있었다. 현재 몽골의 북부지역에는 러시아인들의 압박을 피해 남하한 보리아드인들이 많이 거주하고 있는데 도르노드 아이막의 경우 차가앙오보오Цагаан овоо, 바얀동, 바얀오올, 다시발바르가 보리아드인들로 성립된 솜(군)들이다.

남닥Намдаг 할아버지는 자기가 전승받은 보리아드의 구전설화에 의하면 몽골과 보리아드의 공동조상은 알랑고아라고 말했다. 현재까지 학계에 보고된 보리아드 인들의 기원설화는 6개이며 내용적으로는 크게 황소 기원의 보카-노얀 설화, 『몽골비사』에 등장하는 버르테-치노와 연관을 가진 바르가-바아타르-다이친-노욘 기원설화, 고니 기원설화로 나누어진다. 남닥 할아버지가 말한 설화는 바르가-바아타르-다이친-노욘 설화로 현재 가장 유력하게 퍼져 있고 또 공인에 가까운 인정을 받고 있다. 바얀동솜에서 남쪽으로 나가는 입구인 아도오니촐로오Адууны чулуу에 위치한 호리-보리아드 씨족의 계보도도 바로 이에 근거한 것이다.

남닥 할아버지 내외는 우리에게 절친한 호의를 베풀었다. 남닥 선생은 외손녀인 바야르돌람과 같이 살고 있었는데 그녀는 한뱅크(몽골은행)의 은행원으로 우리에게 많은 도움을 주었다. 남닥 할아버지는 집안의 뜰에 아주 큰 둥근 몸체 위에 보리아드인들의 모자 모양을 상징하는 고깔지붕을 씌운 큰 라마교 마니차를 만들어두고 있었다. 기구한 보리아드 역사에서 희생된 많은 조상들을 기리고 위한 것이라고 했다.

코리족의 이동설화를 구술해주고 자양-나와아를 불러준 호리-보리아드 남닥 선생과 부인

그는 역사에 눈감은 젊은 보리아드인들이 빨리 역사의 눈을 뜰 수 있도록 백조 어머니를 향해 자양-나와아Заян наваа라는 노래를 부르면서 우는 일이 많다고 했다. "아주 먼, 태양이 지는 쪽에…"로 시작되는 이 노래는 수수께끼와도 같은 내용으로 가득 찬 보리아드인들의 전통 민요로 한국의 아리랑과 같은 노래이다. 80세에 가까운 남닥 할아버지의 노래를 들으니 정말 가슴이 아려왔다. 할아버지는 우리가 떠난 뒤 얼마 안 되어 바이칼 호수의 주인이었던 조상들이 기다리는 영원의 땅으로 떠났다.

바얀동 솜 주변의 산에는 토곤테무르Togun Temür 카간의 유적에 관한 전설이 전승되고 있었다. 아마 1388년 보이르 호수 전투에서 명군에게 패한 손자 터구스테무르Tögüs Temür 카간과 관련된 사적일 가능성이 높다. 사실 몽골의 곳곳에는 토곤테무르 카간의 사적이 많다. 일례로 남고비의 한 지역에도 그의 전설이 흐르는데 이는 그의 아들인 아요르시리다라Ayur Shiridara의 사적일 가능성이 높다. 아요르시리다라는 북원의 제1대 대칸으로 기황후의 아들이다. 이후 북원에서 대칸에 오르는 칭기스 칸의 후예들은 모두 그 여인의 피를 받은 자들이다.

　　우리는 아침에 남닥 할아버지 댁을 나와 초이발산으로 향했다. 남쪽으로 5km 쯤 가자 '말과 같이 이곳저곳에 흩어져 있는 돌멩이 언덕'이란 뜻을 지닌 아도오니촐로오 톨고이Адууны чулуу толгой가 나왔다. 이곳의 돌에는 보리아드인들의 비애어린 절절한 사연들이 새겨져 있다. 백조 어머니 전설과 함께 보리아드 족의 기원이 알랑고아에서 시작된다는 족보의 돌멩이도 있었다. 뿌리 있는 민족이 영토를 빼앗긴 채 유랑부족이 되었다. 몽골과 내몽골의 북부를 떠도는 그들의 운명이 슬퍼보였다.

몽골 도르노드-아이막 바얀동솜 아도오니-촐로오에 위치한 자양-나와아 노래비

몽골 도르노드-아이막 바얀동솜 아도오니-촐로오에 위치한 호리-보리아드 씨족의 계보도

바얀동솜에서 남쪽으로 55km 되는 지점에 금나라의 북방방어선이 동서로 가로질러 나간다. 우리는 붉은 호수라는 뜻을 지닌 올라앙노오르라는 곳에서 이 흙 장벽을 만났다. 이 장벽의 남쪽은 그야말로 일망무제의 초원만이 펼쳐진다. 혹시 이곳을 여행하는 분들을 위해 금나라의 몽골방어선에 대해 약간 전문적인 설명을 드리고자 한다.

바얀동 금계호 유적과 보리아드인 일가

오늘날 이 흙 장성을 몽골인들은 ① 칭기스칸 달랑(칭기스칸의 둔덕) ② 헤렘민잠(성벽의 길) ③ 칭기스잠(칭기스칸의 길) ④ 헤렘민 더르벌징(성벽의 변경군사주둔지)이라고 부른다. 몽골족을 방어하기 위해 쌓아놓은 동서로 길게 쌓은 이 흙벽과 토성을 역사학계에서는 북선고변장北線古邊牆이나 영북선嶺北線이라고 부른다. 이것을 쌓게 된 이유는 금나라 건국 초부터 북방의 소요를 유발시키는 주요 원인인 몽골족을 방어하기 위해서다.

금나라는 그들을 방비하기 위해서 1135년부터 1137년에 걸쳐 높이 약 2미터 정도의 흙방어선을 쌓았다. 길이는 동쪽으로 켄하Ken müren, 根河가 에르군네 강으로 합류하는 지점부터 오늘날의 만주리 일대를 지나 바얀동 서쪽 지역까지 약 700km에 이른다. 10km마다 가로세로 30×30m의 네모규격의 변경군사주둔지가 있으며 △ 형태의 병영도 존재한다. 이 북쪽 방어선 외에 흥안령 남쪽에서 몽골고원을 방어하는 북선北線과 남선南線으로 이루어진 남선고변장南線古邊牆이 있는데 이 방어선은 3중으로 이루어져 있다. 이 3개의 방어선을 모두 합치면 무려 5,500km에 이른다.

실로 어마어마한 방어선이지만 만리장성처럼 상징에 불과할 뿐 그다지 효과는 거두지 못했다. 이에 금나라의 현군이라 알려진 세종은 몽골족의 발호를 근본적으로 차단하려는 감정

내몽골 흥안맹(興安盟)의 금계호 유지(金界壕遺址)

減丁정책까지 추진했다. 3년마다 한번 씩 몽골의 모든 남자를 죽인다는 무시무시한 정책이었다. 몽골의 건장한 남자들은 무참히 학살당하고 여자나 어린아이들은 산동이나 하북의 농가에까지 굴비처럼 엮여 팔려 나갔다. 몽골인들에게 골수에 스며드는 원한을 심어 준 이 정책의 결과 몽골족과 금나라는 원수 중의 원수가 되었다. 만약 여러분이 몽골의 금나라 공격과 금나라 황실의 최후를 기록한 『금사』의 해당대목을 읽는다면 그 처절함과 비참함에 눈물이 그렁거릴 것이다.

이곳을 떠나 내몽골에서 건너온 바르가Барга 부족이 많이 거주하는 세르겔렝Сэргэлэн 솜에 이르렀다. 바얀동 솜에서 세르겔렝 솜까지의 거리는 60km이다. 끝없는 초원만이 펼쳐진 초원의 길을 시속 70~80km로 달려왔다. 이 세르겔렝 솜과 그 주변인 헐런보이르Хөлөн Буир 솜, 고르반자갈Гурванзагал 솜에는 바르가, 우젬친Үзэмчин, 함니강Хамиган, 보리아드 등의 소수민족들이 혼재해 모여 산다.

세르겔렝 솜에 도착하여 한 목민 집에서 점심을 먹었다. 그리고 '불의 강'이란 뜻을 지닌 갈틴골Галтын гол을 지나 초이발산으로 달려 나갔다. 광대한 초원이 저녁놀과 함께 타오른다. 곧이어 헤를렌강의 초지가 나타나고 철도가 보인다. 초이발산에서 러시아로 가는 철도로 1939년 할힌골Халхын гол 전투 때 세운 것이다.

드디어 초이발산에 도착했다. 초이발산은 몽골 사회주의 혁명을 이끈 초이발산을 기념하기 위해 붙인 명칭이며 원래의 이름은 헤를렌이다. 우리는 뜨거운 물이 나오는 차단고오드Чадангууд 호텔에 방을 잡았다. 차단고오드란 보리아드의 한 부족을 말한다. 호텔 앞에는 날개가 달린 백조 어머니의 동상이 있었는데 얼굴이 매우 슬퍼보였다. 초원의 도시 초이발산은 먼지바람이 많이 불었다.

차단고오드 호텔 앞의 고니엄마 동상

올라안바아타르에서 초이발산에 이르는 동안 우리의 차는 거의 망가졌다. 수리도 수리지만 이 변방에서는 휘발유의 보충이 난제 중의 난제였다. 또 우리가 같이 동행하리라 믿었던 할흐골Халхгол 솜의 오래된 군수이자 향토사학자인 먀그마르수렝Мягмарсурэн 형이 우리가 도착한 날 밤에 찾아와 정부관계의 일로 내일 아침 8시 우편배달차를 타고 급하게 올라안바아타르로 가야 한다고 했다. 물론 그는 우리가 향하는 할흐골 일대의 순조로운 답사를 위해 여러 가지 조치를 취한 뒤 떠났다.

우리는 초이발산에서 양혜숙 선생 덕분에 또 하나의 텡게리 엘친을 만날 수 있었다. 그들이 바로 마르크스, 엥겔스, 레닌, 스탈린이란 이름을 조합해 만든 멜스Мэлс 선생과 그 부인인 오욘치멕Оюунчимэг이었다. 멜스 선생은 몽골의 유명한 화가로 보리아드 출신이며, '지혜의 장식'이란 뜻을 지닌 오욘치멕은 우젬친족 출신이다. 매우 아름답고 상냥한 여인으로 남편의 그림모델이자 인생의 자상한 동지였다.

멜스 화백은 멜스란 이름은 아버지가 친구들 중 가장 먼저 결혼해 아이를 낳았기 때문에 아버지 친구들이 모여 만들어준 이름이라고 했다. 훌륭한 사람이 되라는 뜻의 이런 이름은 흔하다고 했다. 우리는 이

멜스 화가. 그는 2014년 세상을 떠났다.

틀 동안 이곳에 머물었는데 그 사이 툽신자르갈 교수의 제자들이 방문했고, 내가 어릴 적 아주 귀여워 해주었던 마그마르수렝 형의 외손녀인 아노다라Анудара가 찾아와 만났다.

몽골인들은 신뢰나 동의를 나타낼 때 쓰는 특징적인 표현들이 있는데 그 중 하나가 "신뢰할 수 있다"는 뜻의 나이도르태найдвартай, "잘 되었어"라는 뜻의 아시구이ашгүй이다. 최소 이 말이 나오면 그는 어느 정도 신뢰구축에 성공한 것이다. 덕분에 우리는 무사히 차 수리를 끝냈고

기름도 보충할 수 있었다.

이제 우리가 칭기스칸의 피눈물과 야망이 겹쳐 흐르는 할흐골로 떠날 때가 되었다. 우리가 이곳을 떠날 때 기름을 구해준 고마운 오욘치멕의 미모의 여자 친구 아디야Aдьяа가 우리의 안전 여행을 기원하면서 헤를렌 강의 다리까지 따라 나왔다. 그리고 동쪽으로 흐르는 헤를렌 강변에 앉아 은잔에 술을 담아 하늘로 뿌리며 이렇게 말했다.

착한 마음은 수만금을 주고도 살 수 없다는 격언이 있다!
마음이 착한 사람들이여, 잘 가기를!

톱신자르갈 교수는 답례로 장가를 불렀고 나는 북방의 시 한 구절을 그들에게 바쳤다.

역사를 기억하는 그대들은 점점 더 커질 것이다!

2부
초원에 부는
야망의 바람과 좌절의 바람

세르벵하알가 비문Сэрвэн хаалганы бичээс

헨티아이막 바얀호탁Баянхутаг 솜의 세르벵 고르반 하알가Сэрвэн гурван хаалга 지역
에 위치한 이 비문은 몽골지역에서 칭기스칸의 공적이 새겨져 있는 유일한 비문
이다. 1196년 6월 금나라 군대가 수직 암벽에 여진글자女眞大字로 새긴 이 비문
은 『금사』에 구봉석벽九峰石壁 공적비로 표기되어 있다.

1장

하늘의 샘, 보이르 호수

보이르 호수

메넨긴탈에 부는 바람

몽골 동부지방에는 메넨긴탈Мэнэнгийн тал이란 거대한 대초원지대
가 펼쳐져 있다. '풍요의 초원'이란 뜻을 지닌 이 대초원은 초원의 진주
라고 불리는 헐런Хөлөн호수와 보이르Буир 호수를 품에 지니고 있다. 원
래 동몽골이라 불리는 이 지역은 역사지리학적으로 남북으로는 바이칼
호 동부로부터 중국 내몽골자치구 실링골맹, 동서로는 헤를렌강이 시작
되는 헨티 산맥으로부터 송화강의 서쪽까지 이르는 광대한 초원지역을
가리킨다. 그러나 오늘날의 지도에서도 잘 나타나듯이 이 광대한 초원
은 근대 초 열강의 정치적인 이해에 따라 러시아, 중국, 몽골로 분할되
어 서로간의 교통이 차단된 채 변방지대로 변해 있다.

이 동몽골에서도 심장에 해당하는 지역이 헐런보이르Хөлөн-Буир, 呼倫
貝爾이다. 역사적으로 이곳을 장악하는 자가 세계를 장악한다. 이 지대의
말을 장악하는 자가 세계의 속도를 장악한다. 왜냐하면 이곳은 동서남북
으로 나가는 교통의 요충지이자 대규모의 말을 사육할 수 있는 천혜의 목

장지대이기 때문이다. 따라서 이곳에는 역사상 피바람이 그칠 날이 없었다. 야릇하지만 이곳에는 고대 한민족과 관련된 구전설화도 있다.

칭기스칸 시대의 헐런보이르 지역은 타타르부, 몽골의 옹기라드와 카타긴Khatagin, 살지오드Salji'ud, 자모카의 자다란Jadaran 씨족 등 금나라가 골치를 썩이는 기세등등한 세력들이 포진되어 있었다. 북방 시어에 이런 말이 있다.

야생이 눈을 뜰 때 인생도 시작되는 것을 알게 될 것이다.

바로 메넨긴탈은 야생의 초원이다. 해가 초원에서 떠서 초원으로 지는 이 광대한 초원의 하늘에는 태양과 달이 동시에 떠 있는 날이 많다. 그래서 이런 북방의 격언이 나왔다.

하늘 위에는 해와 달 두개가 영원히 빛나는 밝음으로 존재하고 있다.
그러나 대지 위엔 두 명의 칸이 어떻게 동시에 존재할 수 있단 말인가.

이 말은 1204년 서부 몽골고원의 강자 나이만부의 타양칸Tayang Khan이 칭기스칸과 일전을 벌이기 전 주변의 장군들에게 한 것이다. 그리고 몽골고원 최후의 통일전쟁이 몽골 중부 지역에 위치한 나코군Nakhu Gün 산 일대에서 벌어졌다. 그때 칭기스칸은 이렇게 말했다.

적이 많으면 많은 만큼 손실을 입을 것이고
적이 적으면 적은 만큼 손실을 입을 것이다.

나코군(Nakhu Gün, Лах уул)의 정상에서 바라본 볼강 아이막 다신칠렌(Дашинчилэн)솜

이 전투에서 공포에 질려 절벽에서 스스로 떨어져 죽은 적군이 부지 기수였다. 당시 몽골군이 출발한 곳이 우리가 가는 할흐골 일대이다. 그곳에는 어르노오Ör-Nu'u와 달란 네무르게스Dalan Nemürges라는 유명한 칭기스칸의 역사유적지가 있다. 이제 우리는 하늘의 가호를 빌며 그곳으로 가려한다.

초이발산을 떠난 우리는 곧바로 끝없는 초원의 길로 접어들었다. 길을 잃고 동쪽으로 나가면 그대로 내몽골이다. 초원의 길을 항상 자취를 감춘다. 그래서 길을 잃고 헤매기 일쑤다. 특히 이곳에 널린 차가앙제에르Цагаан зээр란 노루 떼에 눈이 팔려 그를 뒤쫓아 가다가는 늑대의 밥이 되기 쉽다. 이곳은 사람이 희귀한 곳이다. 예전 내가 이곳에 왔을 때 검은 구름이 폭발 치듯 흐르면서 비와 함께 천둥이 울리고, 동시에 하늘에서 병풍처럼 일렬로 내리꽂히는 벼락이 아주 인상적이었다.

지금 이곳은 길이 너무 많아 매우 조심스럽다. 옛적에는 하나밖에 없었는데 지금은 중국인들이 석유를 개발한다고 온통 길을 내 놓았다. 그렇지 않아도 어려운 초원길이 이로 인해 더욱 어려워졌다. 가는 도중 중국인들이 시굴하고 있는 거대 석유 시추탑들이 끝도 없이 초원에 늘어서 있었다. 초원에는 온통 중국 흑룡강성 번호를 단 대형트럭들이 쉴 새 없이 다녔다. 길을 잃으면 그들에게 중국어로 물어볼 정도였다.

우리가 지금 지나고 있는 이 평원은 보이르 호수의 북쪽에 위치한 곳으로 도르노드 평원이라고도 한다. 이곳에서 내몽골의 오르시온Urshi'un 강 일대까지가 예전 차가앙 타타르Chaga'an Tatar씨족의 유목지였다. 초원의 회색분자와 같은 이들의 역사에 대해서는 오르시온 강변의 달빛 아래에서 말할 것이다.

메넨긴탈의 북단을 이

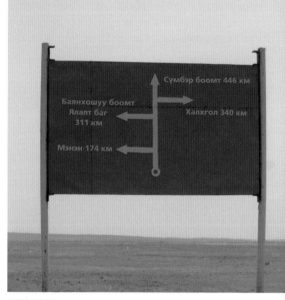

초원의 이정표

루는 도르노드 초원을 지나니 중국인들이 만들어 놓은 표지판 하나가 나왔다. 다칭 탐삭 210km, 마타드솜 150km, 할흐골솜 360km로 표기 되어 있었다. 다칭이란 중국 대경大慶 유전의 이름에서 따온 것이다. 원 래 탐삭 볼락Тамсаг булаг 지역은 기원전 4천년의 것으로 판명되는 농경 및 거주유적이 나온 곳이다. 그들은 이곳에서 수수 농사를 지었다. 또 이곳은 옛 할흐골 솜의 군청소재지였다. 그러나 모기의 등쌀의 보이르 호수 쪽으로 옮겼다.

중간에 길을 잃어 중국어로 중국트럭 운전사에게 보이르 호수로 가 는 길을 물었다. 그의 지시에 따라 내려가니 무언가 표지가 보였다. 몽 골 국경수비대 ○○부대의 표지판이었다. 그런데 의아하게도 표지판 옆

초원의 휴게소(식당)

에 식사를 할 수 있는 의자와 탁자가 마련되어 있었다. 무척 신기했지만 우리는 이 초원의 식당에서 점심을 먹었다. 그때 군대 유조트럭 한 대가 지나가서 멈추게 한 뒤 같이 먹었다. 3명 중 군복을 입은 자는 졸병 1명뿐이었다. 이들 중 1명은 돌아오는 길에 들린 ○○부대 식당에서 다시 한 번 만났다.

보이르 호수를 향해 내려가니 바로 이 부대가 나왔다. 우리는 이 부대에서 우리의 여행허가서를 제출하고 통과허락을 받았다. 툽신자르갈 교수가 이곳에서 군 생활을 한 관계로 부대장 및 군속들이 모두 그를 반겼다. 최근 보이르 호수를 순찰할 수 있는 경비선도 갖추었다고 했다. 보이르 호수는 몽골과 중국이 수면을 공유하고 있는 국경 호수이다. 이 배가 없을 때에는 중국인들의 호수였다.

이곳을 나와 하늘과 땅이 맞닿아 있는 메넨긴탈의 길을 끊임없이 달렸다. 만약 여러분이 이곳에 온다면 배반의 땅에서 대샤만 코르치가 말했던 "하늘과 땅이 서로 논의하여 …"라는 표현이 실감나게 다가올 것이다. 우리는 몇 시간을 달려 보이르 호수가 보이는 북단에 도달했다. 그리고 호수를 따라 내려가자 내가 잘 아는 알탄게렐Алтангэрэл 할아버지의 집이 저 멀리 보였다. 알탄게렐은 '황금의 빛'이란 뜻이다.

발조나의 눈물

나는 1992년부터 이곳에 왔다. 그 한 이유가 모든 몽골역사 전공학자들의 관심 사항이기도 한 발조나Baljuna 호수의 위치 때문이다. 20년을 이곳에 오다보니 이 지역의 변화에 나도 모르게 눈물이 흐른다. 인간은 자연을 파괴하는 바이러스인가라는 의문이 끊임없이 든다. 지속가능한 개발이라는 말도 안 되는 이론을 들고 나오며 모든 것을 파괴했다. 칭기스칸은 다음과 같이 말했다.

자연과 역사에서 배우지 못하는 자는 지도자가 될 수 없다!

내 마음에 남아 있는 원래의 이곳은 아프리카 셀렝게티와 필적하는 야생동물의 천국이었다. 세계적인 야생동물 생태학자인 조지 쉐일러 George Schaller가 이곳이 아시아 회유성 초식동물의 본거지라고 감탄할 만큼 무수한 야생동물들이 곳곳에 널려 자유롭게 풀을 뜯고 있었다. 사람이 몹시 희귀한 이곳에는 대낮에도 늑대와 초식동물들이 생사를 건 추격과 도주를 곧잘 연출했다.

비 오는 날 초원에 병풍처럼 내리꽂히는 벼락이나 한 밤중에 초원을 지붕처럼 덮고 있는 무수한 별빛을 바라보면 정말 동화의 세계에 들어와 있다는 착각을 일으켰다. 중국인이 들어오기 전까지 이곳의 자연환경과 서식 동물에 대해 보고서를 낸 사람들은 모두 한 결 같이 그 감동과 황홀함에 숨이 멎을 정도라고 결론짓고 있다. 그러나 지금은 모두 옛이야기가 되었다. 사실 나는 오늘날의 몽골 청소년들에게 옛적 그들 고향의 아름다움을 말해줄 수 있는 몇 안 되는 사람이다.

자 이제 이 땅을 파괴시키고 있는 자들에 대한 내 마음의 분노와 눈물을 거두고 그 옛날 이곳에서 일어난 사연을 말하고자 한다.

칭기스칸은 1203년 옹칸의 기습을 받고 도망치다가 내몽골 지역의 카라칼지드Khara Khaljid라는 곳에서 결사항전을 벌였다. 이때 천우신조로 옹칸의 아들인 셍굼Senggüm을 부상시키는데 성공했다. 옹칸의 대군이 머뭇거리자 칭기스칸은 적의 추격권에서 벗어날 때까지 밤낮없이 도망쳐 보이르 호수에 이르렀다. 후퇴하는 사이 칭기스칸의 안다이자 몽골의 명장인 코일다르 세첸Khuyildar Sechen이 우리가 가려고 하는 어르노오에서 숨을 거두었다. 칭기스칸의 군대는 일시 멈춰 그에게 경의를 표한 뒤 곧바로 떠났다.

그리고 폭우와 번개가 휩쓰는 어느 날 초원의 자그마한 호수인 발조나에 도착했다. 발조나는 쏟아지는 빗물에 붉은 흙탕으로 변해 있었다. 칭기스칸은 한없이 슬퍼했다. 그리고 자신을 따라 수많은 고통을 감내해 온 배고픈 동지들에게 감격했다. 그는 두 손을 모아 하늘을 향하면서 부르짖었다.

내가 이 모든 고난을 극복하고 대업을 이룰 수 있게 도와주소서!

나와 함께 고난의 대업에 참가한 모든 병사들을 기억하소서!

내가 이후 나의 맹세를 저버린다면 이 흙탕물처럼 나를 죽이소서!

칭기스칸의 주변에 있는 모든 용사들은 울었다. 그 사이 각지에 흩어진 칭기스칸의 군대들이 속속 약속된 곳으로 집결하고 있었다. 칭기스칸은 그해 가을 정식으로 케레이드부와 고원의 패권을 둘러싼 운명의 한판을 벌였다. 그리고 목표물에서 빗나가지 않는 운명 같은 화살처럼 케레이드부를 멸망시켰다.

하늘의 샘, 보이르 호수의 전설

보이르 호수의 남단에 위치한 알탄게렐 할아버지의 집은 보이르-노오르-조올친니-바아즈Буйр нуур жуулчны бааз라고 불리는 휴양소 바로 옆에 있다. 나는 20년 전에 이곳에 왔다. 이 집의 안방 벽에 걸린 가족 사진틀에는 당시의 내 모습이 담긴 사진도 자리 잡고 있다. 내 청춘이 잠겨 있는 곳, 내 사랑이 머물고 있는 곳, 나는 언제나 이곳을 한없이 사랑했고 또 그리워했다. 20년 전 이곳에 처음 와서 만난

알탄게렐의 집에 간직된 1991년의 내 사진

사람들 가운데 노인들은 대부분 돌아갔고, 갓난애였던 아이들은 늠름한 청년이나 처녀들로 자라났다.

보이르는 호수는 '하늘의 샘물'이라는 텡게리 아라샹이라는 별칭으로 불릴 정도로 동방초원호수 가운데에서는 가장 물이 맑다. 이에 반해 내몽골에 있는 헐런 호수는 물이 흐리다. 그 이유는 보이르 호수에는 남흥안령 계곡에서 달란 네무르게스나 할흐 강이 발원하여 흘러들어오고 또 호수 자체에 물이 나오는 샘이 있기 때문이다. 그러나 헐런 호수는 서쪽에서 흘러 들어오는 헤를렌 강이나 보이르 호수에서 발원하여 그곳으로 흐르는 오르시온 강이 유일한 수원이다. 따라서 기후조건에 따라 호수가 숨을 쉬듯 늘어나고 줄어든다.

이 호수는 '암소의 호수'라는 우네투 노오르Үнээт нуур라고도 불리는데 바로 암소가 호수의 주인이기 때문이다. 호수 주변의 주인은 하르우 헤르Хар ухэр(검은 황소)이다. 실제 우리 일행인 툽신자르갈 교수가 홀로 호수 주변을 거닐다가 그 검은 황소를 목격하기도 했다. 그는 호수 변의 버드나무 숲속에서 검은 황소를 목격하고 그 울음소리도 들었는데 잠깐 사이에 그 검은 황소가 사라져 무척 놀랐다고 했다. 보이르 호수에서 가장 아름다운 곳은 할흐 강이 세 갈래로 나뉘어 보이르 호수와 합류하는 호쇼오-보르가스Хошуу Бурас 모래호안지역이다.

이 집의 식구들은 대가족인데 모두 착하다. 그러나 사연이 없는 집이 없듯이 알탄게렐 할아버지 집에도 막내딸 때문에 나름대로의 슬픈 사연을 지니고 있다. 이 집의 안주인이 티베트 이름의 파그마아 할머니이다. 할머니는 20세 때 어머니를, 23세 때 아버지를 여위었다고 했다. 그리고 할아버지를 만나 지금까지 오순도순 살고 있다고 했다. 할머니

보이르호수의 절경 호쇼오 보르가스

알탄게렐 할아버지

는 인생철학이 분명하고 문학적 재능이 출중했다. 정말 이곳에 바람만이 아는 인재가 있다는 것이 안타까울 정도였다. 우리가 이곳에 오자 할아버지 내외는 우리와 함께 호수가 한 언덕에 위치한 가족오보오에서 제를 올렸다. 할아버지가 입으로 고동을 7번 불었다.

제를 올리는 사이 아래를 내려다보니 바람 부는 보이르 호수에는 파랑이 몹시 일었다. 또 하늘에는 V자형의 대열을 한 청동 오리 떼들이 이곳저곳으로 무수히 날아다녔다. 이때 할머니가 시 하나를 읊었다.

> 그대가 보기에는 단순한 호수이지만,
> 나에게는 어머니와 같은 호수!
> 그대가 보기에는 단순한 오보오이지만,
> 내 가슴에는 달라이 에즈(바다와 같은 어머니)와 같은 오보오!
>
> 그대는 스스로를 단순한 객으로 생각하지만,
> 내 마음에는 하늘의 사신!
> 그대는 보이르를 단순한 물로 생각하지만,
> 내 마음에는 텡게리 아라샹(하늘의 샘물)!

정말 놀라운 할머니이다. 나는 보답으로 파그마아 할머니에게 다음과 같은 북방의 시어 한 구절을 선사했다.

> 그대의 눈에는 마음의 보석만이 보인다!

파그마아 할머니

보이르 호수의 철새

    제의가 끝난 후 그 옛날의 추억을 더듬으며 보이르 호수의 언덕을 걸었다. 그러자 다시 끔찍한 그 옛날이 추억이 떠올랐다. 바로 모기이다. 이곳은 한국 흥부놀부설화의 원형이라고 간주되는 황금제비의 전설이 흐르는 곳이다. 보이르 호수의 절벽에 만들어진 셀 수 없을 정도의 무수한 벌집 구멍들은 모두 제비집이다. 지금 제비가 날아와 온 하늘을 새까맣게 덮으며 날고 있다. 이들이 바로 모기들을 주식으로 삼고 있다.

    역사적으로 동몽골초원의 모기는 악명이 높다. 이들은 한 해도 거르지 않고 어김없이 찾아오는 재앙으로 가뭄이나 눈보다 더 무서운 존재이다. 목민이나 가축들은 모기를 늑대보다 더 무서워한다. 보이르 호수

보이르호수의 절벽과 제비. 이곳에는 흥부놀부전의 내용과 유사한 황금제비의 설화가 구전되고 있다.

평원 곳곳에는 가축이 방목되지 않은 곳이 많은데, 그곳은 모두 모기 밭이다. 몽골의 모기는 늑대 굴에서 월동하기 경우가 많아 늑대의 피를 지닌 모기라 할 수 있다. 그 때문인가 모기가 늘어나면 늑대도 쑥밭으로 숨는다. 쑥은 모기를 퇴치한다.

보이르 호수가의 평원을 걸으면 정말 모기가 많다. 이전에 내가 여기에 머물 때 어느 곳에선가 사람이 오는 것 같아 나가 보았는데 그것이 바로 뭉친 모기떼임을 알고 너무 놀란 적이 있다. 여름 철 몽골의 호수 변에 말을 매두거나 가축을 잘 못 방목할 경우 사망에 이를 정도로 큰 피해를 입는다. 모기가 나는 초원은 지옥이다. 이럴 때 모기나 파리가 없는 고비지역이 천국이라는 생각이 저절로 떠오른다. 모기들은 말도 습격하는데 주로 생식기 주변이나 눈까풀을 공략한다. 그러면 말은 자신이 사람을 태우고 있다는 사실마저 잊고 미친 듯이 달린다. 모기에 대해서는 정말 할 말이 많지만 결론을 내리면 다음과 같다.

초원에서 모기를 방어할 수는 없다. 떠나는 것이 최고다!

저녁 때 우리는 할아버지 부부와 함께 은잔을 나누었다. 그리고 아침에 초원에서 잡아 압력밥솥에 푹 삶은 보르 갈로오бор галуу란 오리고기를 안주로 먹었다. 보르 갈로오는 맛이 가축고기와 거의 같아 식용으로 가능하다. 그런데 갑자기 1~2년 전부터 식용으로 쓸 수 없는 하르-갈로오хар галуу라는 오리가 중국에서 대거로 날아들고 있다고 했다. 중국에서 온 오리들은 5~6m까지 잠수하여 물고기를 잡는 놀라운 재주를 지니고 있다. 보이르 호수에는 제비도 많지만 오리가 단연 압권이다. 원래 헐런-보이르 호수 일대의 초원은 중국 역사서에 "철새들이 깃털을 바꾸는 곳"이란 환모지지換毛之地 즉 새끼를 낳고 키우는 곳으로 기록될 만큼 유명한 곳이다.

원래 이곳 사람들은 볼로오차가앙Булуу цагаан이라는 잉어요리를 즐겼다. 특히 이곳 여인들은 출산 후 잉어 국을 즐겨 먹었다. 또 이 호수는 조개호수라는 별칭이 있을 만큼 크기가 30cm에 이르는 조개들이 많다. 주민들은 흉년이 들 경우 개들에게 이것을 삶아 먹인다. 또 이 호수에는 진주가 난다. 바로 칭기스칸이 코소토 시투엔과 나라토 시투엔의 타타르인들에게 뺏은 진주가 붙어있는 이불은 보이르 호수에서 잡은 조개들로 만든 것이다. 이런저런 이야기를 나누며 은잔을 돌리는 사이 밤이 깊어갔고 비가 내리는 소리가 들렸다.

비는 밤새도록 처연하게 내렸다. 지금 이곳은 건조해서 비가 내려야 한다. 오늘 제를 올린 할머니의 아름다운 마음이 하늘을 감동시켜 이처럼 비가 내리는 것이 분명했다. 광활한 초원에 흩뿌리듯 내리던 비는 아침이 되자 그쳤다. 이곳에서 하루를 더 머물렀는데 때마침 여기서 이 지역의 축제인 나담이 열렸기 때문이다. 말 경주와 씨름 경기를 즐기면서, 틈나는 사이사이 마을을 방문해 라마승려, 서부 지방 헙스걸 출신으로 이곳에 장가온 노인, 내몽골 차하르인 출신의 인물, 어부인 간바트Ганбат 등 다양한 인물들을 만났다.

이곳에서 이틀을 보낸 뒤 우리는 아침 일찍 할아버지와 할머니의 건강을 기원하며 작별의 인사를 나누었다. 차에서 바라보니 할머니가 하늘로 우유를 뿌리는 모습이 멀리 보였다. 우유가 향하는 하늘엔 하얀 꼬리를 지닌 새가 날고 있었다.

할흐골 솜으로 가는 길

우리는 할흐골 솜으로 가는 길에 숑흐 타반 톨고이Шонх таван толгой란 나지막한 언덕에 들렀다. 지금은 이곳에 목이 잘린 석인상 하나밖에 없지만 2000년 7월까지 람촐로오Лам чулуу라 불리는 대리석으로 만든 멋진 석인상이 있었다. 코리의 왕이란 역사전설이 깃든 그 석인상은 지

람촐로오 석인상. 지방민들의 강력한 요청으로 2014년 원래의 지역에 복제본이 세워졌다.

금 올라안바아타르 국립역사박물관에 보존되어 있다. 그가 서 있었던 터에는 기념 반석만 남아 있다가 지방민들의 강력한 요청으로 2014년 복제본이 세워졌다.

람촐로오가 있는 곳에서 더 나가면 허흐 언더린 오보오Хөх Өндрийн овоо를 거쳐 국경검문소 앞에 이르게 된다. 그러면 할흐 강이 나오는데 건너편은 중국이다.

몽골 측에 속한 할흐 강의 경사진 둔덕에는 갖가지 보석돌로 만든 몽골에서 가장 크고 거대한 부처가 하늘을 향해 누워 있는 모습으로 조성되어 있다. 원래 주변 전체가 라마교사원이었는데 지금은 부처 상만 남아 있다. 이흐-보르항Их Бурхан이라 불리는 이 라마사원은 1859년에 시작되어 1864년에 완공되었는데, 그것을 만든 인물이 이 지역의 계몽왕공인 토왕 톡토흐터르Тогтохтөр(1797~1868)이다. 칭기스 칸의 27대 손인 그는 문학과 예술 방면으로도 뛰어난 소질을 가진 인물이다. 그의 사상은 민주화된 오늘날에 집중 조명을 받고 있는데 그가 어느 날 서양의 생활철학을 듣고 남긴 유명한 말이 있다.

삶이란 투쟁이 아닌 지혜이다!

우리는 석인상이 있는 곳을 떠나 본격적으로 남하하기 시작했다. 그리고 나는 점점 멀어져가는 보이르 호수 일대를 바라보며 상념에 젖었다. 보이르 호수 주변은 동서남북으로 관통하는 지리적 위치 때문에 역사적으로 많은 전쟁이 일어났다. 그중 우리와 직접 관계되는 전쟁이 1388년에 일어난 보이르 호수 전투이다.

고려인들은 원나라 멸망 후 몽골고원으로 후퇴한 세력을 북원北元이라 호칭했는데 이 용어는 현재 역사용어로 굳어졌다. 명나라와 북원 간

이흐 보르항

의 대결은 1387년 나하초가 이끄는 만주지역 몽골군단의 명나라 투항과 이 전투를 기점으로 명나라의 우세로 기울어졌다. 나하초는 칭기스칸의 명장 모칼리의 후예로 이성계와도 관계가 깊은 인물이다. 몽골은 이 전투의 패배 후 상호공방의 내란이 발생했다. 그러자 이성계를 위시한 고려의 신진세력은 북원을 포기하고 명나라를 택했다. 1392년 조선의 건국은 보이르 호수 전쟁의 여파가 컸다.

할흐 강을 따라 한참을 내려가니 멀리 1939년 할힌골 전승기념비가 보인다. 할흐골 솜이다. 1939년 할흐 강을 사이에 두고 일본 관동군과 몽소연합군이 대전을 벌였다. 이 전투에서 일본은 대패했고 수많은 포로들이 잡혔다. 이 포로들 가운데에는 조선출신들도 있었다. 이들은 각자의 운명에 따라 일본군 포로로 평생을 보낸 자도 있고 소련군에 편입된 자들도 있다.

소련군에 편입된 자들 가운데에는 2차 세계대전 때 독일 전선에 투입되었다가 독일군의 포로가 되어 다시 독일군복을 입고 연합군과 싸우다 최종적으로 연합군에게 포로로 잡힌 꽤 복잡한 사연을 지닌 조선인들이 있다. 그 대표적인 인물 중의 하나가 양경종(1920~?)으로 그는 사연의 전 과정을 단 한마디로 말했다.

양경종은 할흐골 전투의 조선출신 관동군으로 소련군, 독일군을 거쳐 미군의 포로가 되었다.

밥만 배불리 먹으면 됩니다.

우리의 근대사는 왜 이렇게 슬픈 것일까. 그 누구의 책임일까. 쓸쓸한 마음을 달래는 사이 차는 할흐골솜의 중심지인 할힌골 전승기념박물관에 도착했다. 그리고 이웃한 곳에 위치한 여관에 짐을 풀었다. 슈퍼마켓까지 달린 깨끗한 여관이었다.

우리가 이곳에 도착한 후 얼마 지나지 않아 일본인 단체관광객이 도착했다. 이들은 할힌골 전투에서 죽은 일본군의 후손들로 참배하러 여기까지 온 것이다. 일본인들은 할힌골 전투를 반드시 노몽한Номонхан 전투라 표현한다. 노몽한은 내몽골지역 즉 이전의 만주국에 위치한 약간 솟은 평탄한 언덕으로 할흐 강에서 동쪽으로 16km 떨어진 곳에 있으며, 노몽한 전투 박물관이 세워져 있다.

할힌골 전승기념박물관

내몽골 노몽한전투 박물관

할흐골의 달밤과 몽골장가

할흐골 솜에 도착하자마자 사전의 우리의 도착을 통보받은 먀그마르수렝 형의 아들인 보아가 밤늦게 찾아왔다. 그는 우리가 이곳에 오기 전에 우리가 부탁한 어르노오와 달란네무르게스 통행허가증을 받기 위해 애쓰고 있었다. 결론적으로 말하자면 우리는 3일 동안 이곳에서 군부대 지휘관들이나 삼림보호관들과 함께 밥만 먹었다. 이 두 지역은 군부 및 환경부의 2중 허가가 필요한데, 올라안바아타르에서 그것을 신청하자 아예 받아주지도 않았다. 그곳은 접근금지의 절대보호구역이라는 답변만 되돌아 왔다.

현지에서도 답답해했다. 이곳 주둔군 소령이나 환경보호담당관들은 한숨만 내 쉬었다. 허가해 주자니 뒷감당이 어렵고, 그렇다고 불허하자니 그것도 그렇고…, 먀그마르수렝 형이 있어도 사정은 마찬가지였을 것이다. 나는 아직 한국 군대에서는 강연을 못해 보았지만, 몽골군대에서는 칭기스칸을 주제로 강연을 해 본 적이 있다. 톱신자르갈 교수는 몽골에서 최초로 칭기스칸의 노래를 부른 자이다. 또 이곳의 주둔군 책임자는 그의 후배이다.

그대가 불가능한 것을 바랄 때,
그대는 허물어지는 경사면에 서 있는 것이 된다.

『세계정복자사』에 나오는 고대 페르시아의 속담이다. 이들이 하도 어려워하자 우리가 결단을 내렸다. 여기서 여행을 멈추고 그들로부터 우리가 가고자하는 곳의 설명을 듣기로 했다. 사실 나와 톱신자르갈은 이전에 그곳에 간 적이 있다. 따라서 오히려 설명을 듣는 것이 더 많은 것을 아는 현실적인 방안이 될 수도 있었다. 우리가 결단하자 그들이 몹시 좋아했다. 그때부터 할흐골에는 "잔은 하늘을 날고 노래는 밤새도록 흘러나왔다"는 북방의 시어처럼 즐거움이 넘쳤다. 뻐꾸기도 울었다.

서로의 마음이 통하자 모두 톱신자르갈 교수에게 행운의 장가를 청했다. 나의 안다에게는 매일 하늘의 사신들이 온다. 그래서 내 안다의 노래에는 하늘의 향기가 난다. 모두의 마음을 사로잡고 기쁨을 주는 몽골의 장가란 무엇일까.

몽골장가는 하늘의 노래이자 가축의 노래이다. 나는 이러한 노래가 인류에게 있다는 것이 사실 신기하다. 몽골의 장가가 늑대의 소리에서 왔다고 주장하는 사람도 있지만 아직 그 기원이 분명치 않다. 아마 허어미хθθмий처럼 하늘이나 가축과 소통하려는 샤만의 음악일 가능성이 크다. 몽골장가는 한나라 때부터 일성호가一聲胡歌라는 말이 등장하는 것으로 미루어 흉노 때부터 존재하는 것으로 보인다. 고대 몽골의 시에 다음과 같은 구절이 있다.

낙타가 구슬픈 노래를 들으면 눈물을 흘리듯,
그 여인이 노래 부르면 모두가 숨죽여 울었다.

몽골에서는 낙타 우는 소리를 "보일라흐"라고 표현한다. 낙타가 무언가의 이유로 눈물을 흘리고 울 때 주인은 "서어억 서어억"이라고 달래면서 눕히는데 진짜 낙타도 "서어억 서어억" 소리를 내면서 눕는다.

새끼를 처음 낳은 암 낙타는 종종 새끼에게 젖을 물리는 것을 거부한다. 이때 목민이 장가를 불러주면 눈물을 흘리면서 젖을 물린다.

바로 장가는 위의 시어처럼 가축을 위한 노래이다. 말 조련 때 이 노래를 들려주지 않으면 말이 달리지 않고 주인에게 덤벼든다. 이렇듯 유목지대에서 장가를 부르지 못하면 가축을 조련하거나 키울 수 없다. 따라서 장가의 가치를 가장 인정하고 평가에 능한 것은 사람이 아닌 동물이나 가축이다. 그 한 예를 들어보기로 하겠다.

일전 현대음악을 전공한 계원대학교의 성기완 교수가 개가 7마리마리나 되는 허더어 아랄의 어느 목민 게르에 들린 적이 있다. 어찌어찌해서 달도 없는 한밤에 노래경연대회가 열렸고 성기완 교수의 차례가 되었다. 불빛이라곤 별빛밖에 없는 이 게르에서 그가 현대적 가락의 노래를 부르자 개들이 모두 일어나 그만 부르라고 짖어댔다. 머쓱해진 성기완 교수는 개들이 이런 음악을 싫어하는 것 같다며 노래를 멈추었다. 그러자 일어섰던 개들이 모두 누웠다. 현대 음악은 개한테는 안 통하는 낯선 음악이었던 것이다.

나의 안다 툽신자르갈의 노래는 항상 초원에 흐른다. 몽골 목민들은 장가가 집안이나 가축에 행운을 가져다 준다하여 장가가수가 오면 항상 잘 접대하면서 노래를 청한다. 나의 안다의 노래를 들을 때마다 그 옛날 내몽골 초원에서 돌궐족이 불렀던 칙륵가勅勒歌가 생각난다.

칙륵족이 사는 대초원은 음산陰山 산맥의 아래쪽
게르와 같은 둥근 하늘이 온 들판을 감쌌네.
푸르고 푸른 하늘, 끝없이 펼쳐진 들판

바람이 불어와 풀들이 휘날리면 그 사이로 소와 양떼가 보이네.

한자로 번역되어 남겨진 이 노래가 장가였는지 단가였는지는 모른다. 만약 전쟁터에서 이러한 아름답고 서정적인 노래를 듣는다면 인간이 왜 평화를 추구해야 되는지 저절로 실감이 날 것이다.

달란 네무르게스와 타타르인들의 눈물

달란 네무르게스는 오늘날 몽골국이 지도에서 동쪽으로 코처럼 튀어난온 곳 즉 흥안령 산맥의 최남단에 위치해 있다. 할흐골 솜의 중심에서 그곳까지는 120km이며, 그곳에 이르기까지 광활한 초원이 펼쳐져 있다. 그리고 '바람이 이는 높은 산' 이란 뜻의 살히트 언더르Салхит Өндөр 산을 지나 '갈고랑이의 냇가'라는 뜻을 지닌 데게에Дэгээ 강을 건너면 흥안령 남단의 산지들이 모습을 보이기 시작한다. 그리고 서서히 고갯길이 나오기 시작하는데 주변이 정말 너무나 아름다운 한 폭의 그림과 같다. 그리고 얼마를 더 가면 국경경비초소가 나오는데, 바로 이곳이 달란-네무르게스 평원이다. 이 평원에는 물살이 깊고 급한 달란-네무르게스 강이 흐른다. 이곳이 바로 1200년 겨울 칭기스칸과 타타르 부족이 혈투를 벌인 전쟁터이다.

이곳에서 일어난 사연을 말하기 전에 먼저 이곳의 지형특징을 언급하면서 그로 인해 야기된 역사적 사건들을 약간 언급하고자 한다. 달란 네무르게스란 '70개의 망토'란 뜻으로 숨기도 편하고 매복도 쉬운 곳이

달란 네무르게스강

다. 이 지역은 평화 시에 만주나 내몽골의 실링골로 나가는 지름길이지만 전쟁 때에는 매복의 두려움으로 모두가 회피하는 길이기도 하다. 칭기스칸이 1203년 카라칼지드 전투 후 이곳을 통해 할흐 강의 어르노오를 거쳐 북상하는 길을 택한 것도 이 때문이다.

이 땅은 고구려 장수왕이 479년에 유연과 함께 나누어먹으려 했던 유목부족 지두우地豆于의 땅이다. 비록 계획이 실패로 끝났지만 그 이유는 이곳의 지형 때문일지도 모른다. 고려 여인을 어머니로 둔 영락제는 대몽골제국이나 대원제국의 몽골 대칸보다도 더 고려 여인을 사랑한 황제이다. 그가 가장 총애했던 후비가 권집중權執中의 딸 권비權妃였다. 그는 일생동안 북원과 크게 다섯 번의 전쟁을 벌였는데, 그 마지막 무대가 바로 이곳이다. 1424년 정월 북원군이 이곳을 통해 남하하여 대동大同과 개평開平을 공격하자, 영락제는 대군을 이끌고 1424년 4월 북경을 떠나 6월 이곳에 도착했다. 그러나 이곳의 땅이 심상치 않자 매복을 두려워하여 급히 철군했다. 영락제는 돌아가는 길인 7월 18일 오늘날 내몽골의 임서林西에서 숨을 거두었다.

달란 네무르게스는 타타르인들의 눈물이 흐른 곳이다. 칭기스칸은 1200년 겨울 이곳에 내려왔다. 그냥 내려 온 것이 아니다. 아예 전멸을 시키려고 내려왔다. 그들이 전멸에 이르는 과정을 담담히 기술하면 다음과 같다.

영하 40도의 찬바람이 몰아치는 1200년 겨울의 어느 날 칭기스칸은 옹칸 몰래 급속히 남쪽으로 이동했다. 그리고 달란 네무르게스에서 타타르부의 4개 씨족을 무차별로 공격했다. 차디찬 겨울비가 주룩주룩 내리는 가운데 진행된 이 전투는 매우 치열했다. 살아있는 모든 것을 죽이는 이 전투는 바로 제로섬게임의 극치였다. 주력군이 모두 섬멸당한 타타르부의 백성들은 공포에 싸인 채 모두 무릎을 꿇고 투항했다. 이루 헤아릴 수 없는 수많은 말떼들이 타타르족 백성들의 손에 끌려 혼혈집단에게 양도되었다. 말떼의 양도가 끝나자마자 혼혈집단은 미리 사전에 결정한 약

달란 바무르게스 전투지

속에 따라 도륙과도 가까운 질서개편을 행했다. 『몽골비사』타타르인들이 겪었던 슬픈 사연을 아무런 가감 없이 다음과 같이 전해주고 있다.

옛날부터 타타르족은 우리의 선조들과 부친들을 살해해 왔다.
지금 그 원수를 갚겠다.
모든 타타르의 살아있는 남자들을 차바퀴 앞에 세워라.
바퀴보다 큰 자들은 모두 죽인다.
절멸시킨다.
어린이와 여자들은 모두 노예로 삼는다.

몽골하면 먼저 타타르를 연상시킬 정도로 역사에 빛나는 부족이었던 타타르부는 거대한 핏기둥을 하늘로 내뿜으며 그렇게 역사 속으로 사라져 갔다. 몽골고원에서는 1200년 봄부터 1204년까지 봄, 여름, 가을, 겨울을 가리지 않고 전쟁이 벌어졌다. 달란 네무르게스의 전투도 그 와중에 일어난 피해갈 수 길이었다. 이 전투에서 지는 자들은 모든 것을 빼앗겼다.

예수이의 남자와 거절된 사랑

북방초원에서는 여자와 아이는 전리품이다. 이 규칙에 따라 칭기스칸은 타타르부를 정벌한 뒤 예수이Yesüi와 예수겐Yesügen이라는 두 미녀를 자기의 여인으로 삼았다. 그런데 『몽골비사』에는 놀랍게도 예수이를 사랑했던 남자에 대한 이야기가 실려 있다. 전투에서 패배한 한 남자가 도망쳐 숨는 대신 대낮에 칭기스칸의 진영에 들어와 사랑하는 예수이를 외치며 스스로 죽음을 맞는 비극적인 사랑을 그대로 기록하고 있다. 그 슬픔의 사연을 핵심만 추려 간략히 소개하면 다음과 같다.

어느 날 칭기스칸이 예수이 카톤, 예수겐 카톤 두 사람이 사이에 앉아 음료를 마시고 있을 때 예수이 카톤이 크게 탄식을 하였다. 그러자 칭기스칸은 마음속에 무엇인가를 생각하고…,
…

나이가 젊고 얼굴이 고운 한 사람이 사람들로부터 떨어져 홀로 섰다. "너는 누구인가"라고 묻자 그가 말하기를 "나는 타타르 부족의 예케-체렌의 딸, 즉 예수이라 불리는 여인에게 데릴사위로 주어진 자이다."

…

칭기스칸이 말하기를, "그대는 몰래 스며들어와 반란을 꾀하고자 하는 도적이다. 지금 무엇을 엿보러 왔는가. 이와 같은 자들은 모두 차바퀴의 활에 빗대 죽여야 한다. 무엇을 더 이상 의심하는가. 내 눈에 보이지 않는 곳에 가서 죽여 던져버려라"고 말했다. 그리하여 곧바로 그의 목을 잘랐다.

최소한 이러한 정도의 사랑이 진정한 사랑일 것이다. 사랑의 신은 옛날이나 지금이나 진정한 사랑의 행복을 폭풍노도와 같은 혹심한 시련 없이 거저 주는 법은 없다. 그러나 초원의 여인인 예수이는 곧 그 남자를 잊었다.

장군 커커추스의 직언

칭기스칸의 품에 안긴 예수이는 측천무후를 연상케 하는 차가운 미녀이다. 지나간 사랑에 냉혹히 눈감은 것도 그렇고 다가올 일을 회피하지 않는다는 점에서 너무 닮았다. 그 여인이 1219년 콰레즘제국으로 떠나는 원정군을 앞에 두고 한 말이 엄청난 파장을 몰고 왔다.

그녀는 도대체 무엇을 말했던 것일까. 아주 간단하다. 누구를 후계자를 삼을 것이지 이 자리에서 공개하고 또 모두의 약속을 받자는 것이다. 그녀는 칭기스칸의 생전에 이 약속이 이루어지지 않으면 분열로 인해 몽골족에게 전멸 당했던 자신의 부족처럼 몽골족도 그렇게 붕괴되리라는 것을 알고 있었다. 그녀의 말을 한번 감상해 보자.

출정할 때 예수이 카톤이 칭기스칸에게 물었다.
…
칸은 높은 고개를 넘고 광활한 강들을 건너
오랫동안 전투를 치러
많은 나라를 통치하고자 생각하고 있다.
그러나 태어난 모든 것은 생명이 있으며

그것은 결코 영원하지 않는 것이다.

큰 나무와 같은 그대의 몸이 갑자기 쓰러져 버리면

들풀과 같은 이 백성들을 누구에게 줄 것인가.

큰 기둥과 같은 그대의 몸이 넘어져 버리면

물 새와도 같은 이 백성들을 누구에게 줄 것인가.

저 네 마리의 준마와 같은 자식 중 누구에게 줄 것인가.

칸께서 지금 성지를 내려달라.

마땅히 아들들에게

아우들에게

수많은 평민들에게

심지어 우리와 같은 몽매무지한 여자도

알아야 하는 것이다.

그녀의 말이 떨어지자마자 황자인 조치Jochi와 차카타이Chakhatai가 치고받고 난리가 났다. 그녀가 한 말은 사실 칭기스칸을 포함해 모두 말하고 싶었지만 감히 그것을 말할 수 없었다. 너무나 엄청난 파장이 예상되었기 때문이다. 그러나 지금 칭기스칸의 눈앞에 그것이 펼쳐졌다. 그리고 이미 터진 이상 결정도 미룰 수가 없었다. 칭기스칸이 침묵을 지키고 있는 사이 그의 왼쪽 편에 앉아있었던 장군 하나가 의자를 박차고 일어났다. 그리고 그 둘 가운데 말의 순서를 어긴 차카타이를 향해 욕설을 퍼부었다. 초원문학의 백미, 명문 중의 명문이라고 평가받고 있는 장군 커커추스Kököchüs의 말을 소개해 보도록 하겠다.

차카타이!

너는 어찌하여 이렇게 성격이 급한가.

너의 칸부는 자식들 가운데 무엇보다도 너로부터 바라는 것이 있다.

그대들이 태어나기 전에

수많은 별을 가진 하늘도 돌고 있었다.

모든 나라는 우리를 배반하였다.

편안히 침대위로 들어가 자지도 못하고 서로 노략질했다.

푸른 풀로 덮인 대지도 구르고 있었다.

온 나라가 서로 다투고 있었다.

편안히 이불 속에 들어가 눕지도 못하고 서로 공격했다.

천지가 동요하듯 소란한 이러한 때에

버르테가 메르키드부에 납치되는 불행한 사건이 일어났던 것이다.

버르테는 결코 스스로 원해서 간 것이 아니다.

적군과 교전이 이루어졌을 때에 이러한 일이 일어난 것이다.

버르테는 결코 도망쳐 가지 않았다.

적군과 서로 다툴 때에 이러한 일이 일어난 것이다.

버르테는 결코 다른 남자를 사랑해 떠난 것이 아니다.

적군과 전투를 벌일 때 이러한 일이 일어난 것이다.

너는 하필이면 수많고 많은 말 중에서

성스러운 카톤이며 그대의 어머니인 버르테의

버터와 같이 부드럽고도 황금빛 도는 마음을 말라붙게 하며

젖과 같이 온유한 심장을 그물막처럼 얽히게 하는 그러한 말을 하는가.

그대들은 모두 하나의 따뜻한 곳(자궁)에서 응아 하고

같은 배에서 태어나지 않았는가.

그대들은 뜨거운 곳(자궁)에서 기세 좋게

하나의 음낭으로부터 태어나지 않았는가.

어머니의 심장에서 태어났던 네가 어머니를 책망한다면

그녀의 마음은 얼어붙어

이후 숨 쉬게 만들려 해도 할 수 없을 것이다.

어머니의 배에서 태어났던 네가

어머니를 이토록 슬프게 만든다면

그녀의 비원은 이후 사라지게 만들려 해도

결코 사라지게 할 수 없을 것이다.

그대들의 칸부가 모든 백성들을 조직시키기 위해 어떻게 했는지 아는가.

자신의 검은 머리에 간조가(말안장 끈)를

단단히 묶고(항상 생사의 경계에 몸을 두었다),

자신의 검은 피를 납보가(피혁주머니)에

집어넣었다(항상 몸을 위험에 노출했다).

자신의 검은 눈동자를 깜박거릴 [틈도] 없었고,

자신의 평평한 귀를 결코 베개에 두어본 일이 없었다.

자신의 소매를 베개로 삼고

자신의 옷자락을 덮개로 삼았다.

자신의 침으로 음료를 삼았으며

이빨 사이에 낀 고기로 허기를 달래며 밤을 보냈다.

이마의 땀이 발바닥에 이를 때까지

발바닥의 땀이 이마에 올라갈 때까지

앞을 향해 노력하며 가고 있을 때에

그대들의 어머니도 함께 어려움을 겪었다.

그대들의 어머니는 복타 모자를 단단히 매고

데엘(몽골 전통옷)이 치켜 올라가도록 부스(허리띠)를 맸다.

아주 단단히 복타 모자를 매었고

옷자락이 잘라질 정도로 부스(허리띠)를 맸다.

그대들을 키움에 있어

음식을 먹는 동안에는

음식의 반을 그대들에게 주었다.

어머니는 자신의 목을 막고

자신의 모든 먹을 것을 그대들에게 주었다.

그대들의 어머니는 이렇게 굶주리며 생활해 갔던 것이다

그대들의 어깨를 끌어당겨 대장부와 동등하게 만든 이가 누구인가.

그대들의 목을 끌어당겨 사람과 동등하게 만든 이가 누구인가.

그대들을 정성껏 보살피고 몸을 항상 깨끗이 닦아주었다.

그대들의 아킬레스건을 위로 잡아 올려 키가

대장부의 어깨에

거세마의 엉덩이에 이르기까지

늠름한 청소년으로 키웠다.

어머니는 지금 그대들의 대장부다운 멋진 모습을

보고 싶다고 생각하고 있다는 것을 모르는가.

우리들의 성스러운 카톤은

태양처럼 빛나고

호수처럼 광대한 마음을 가지고 있다.

통치자 앞에서 거침없이 직언하는 자, 칭기스칸은 무려 이런 인물을 4명이나 가지고 있었다. 그들이 이름이 『몽골비사』에 다음과 같이 실려 있다.

코난, 커커추스, 데게이, 오손에부겐
이 네 사람은
자기가 본 것을 숨기지 않고
자신이 들은 것을 감추지 않고
나에게 그대로 보고하였다.
이것이야말로 이들 네 사람의 훈공인 것이다.

이들은 모두 청렴했다. 그래서 말이 통했다. 특히 코난Khunan과 커커추스는 일을 추진할 때 원칙 준수 및 공정한 절차의 달인이었다. 이러한 인물을 칭기스칸은 매우 사랑했고 또 중용했다. 『몽골비사』에는 이에 관한 다음과 같은 기록을 남기고 있다.

보오르초나 모칼리를 포함한 모든 장군들은
코난과 커커추스 두 사람과 상의하지 않고는 일을 행하지 마라.
반드시 코난과 커커추스 두 사람과 상의하여 일을 행하라.

이들은 놀랍게도 칭기스칸의 좌우 심복인 보오르초나 모칼리까지 통제하고 있는 것을 알 수 있다. 이것이 칭기스칸의 통치술이다. 청렴하고 직언을 아끼지 않는 신하들이 있는 한 어찌 나라가 망할 수 있겠는가. 권력자에게 직언하는 입은 나라의 보배이자 기둥이다.

어르노오와 코일다르 세첸의 장례

아름다운 초원의 강 할힌골이 구비치는 곳에 서 있는 어르노오는 비운의 명장 코일다르세첸이 칭기스칸에게 핏빛과 같은 유언을 남기며 잠든 곳이다. 어르노오는 몽골역사상 유일하게 죽은 자의 위치가 명기된 곳으로, 그 만큼 당대의 혼혈 인간들에 잊지 못할 고난의 성지이다. 어르노오는 현재 몽골과 중국의 국경선 중 몽골 쪽으로 100m 들어온 곳에 위치해 있다. 따라서 이곳으로 가는 길은 특수목적이 아니면 허가되지 않는다.

어르노오로 가는 길은 할흐골 솜에서 할흐 강의 다리를 건넌 뒤 강의 우측을 따라 올라가는데, 강 주변이 하안사구 지대라 모래언덕으로 이루어진 길이 많다. 이러한 길에는 고비와 같은 건조지대에 자라는 작나무들이 자라고 있다. 곳곳에 버드나무를 위시한 숲들이 형성되어 있어 사슴이나 멧돼지, 늑대 등 야생동물들도 많다. 또 길가엔 할힌골 전투의 흔적이 남아 있는데, 특히 몽골국경수비대가 전투의 신으로 받들고 있는 네모반듯한 사천왕상 주변이 더욱 그렇다.

사천왕상을 지나면 믿을 수 없는 광경이 펼쳐진다. 거대한 초원이 끝없이 펼쳐지면서 이어진다. 이 초원의 고속도로를 한참 따라가면 우

할힌골 불교유적 사천상(국경선지역)

뚝 선 바위 하나를 만날 수 있다. 광대한 초원의 한 가운데에 자리 잡고
있는 이 바위가 바로 어르노오이다. 어르노오란 '경사진 절벽을 가진 봉
우리'란 뜻이다. 높이는 대략 20m 정도이며 정상까지 그다지 어렵지
않게 올라갈 수 있다. 바위 곳곳에 야생과일 나무의 일종인 모일이 자라
고 있으며, 노란 나리꽃 등 갖가지 꽃이 계절에 따라 핀다.

칭기스칸이 이곳에 이른 것은 카라칼지드 전투 직후이다. 카라칼지드는 혼혈집단의 꿈을 물거품처럼 흐트러뜨릴 수도 있는 운명의 장소였다. 그야말로 상황에 따라 아름답고도 거룩한 죽음을 맞이할지도 몰랐다. 『몽골비사』에는 당시 이들이 어떤 위기에 처해 있었는가를 이 전투의 영웅인 코일다르 세첸의 다음과 같은 말로 장엄하면서도 구슬프게 나타내고 있다.

내가 칭기스칸 안다의 앞에서 싸우겠다!
안다여, 내가 죽은 후 나의 자식들을 잘 보살펴다오!

카라칼지드 전투는 매우 치열했지만 칭기스칸의 혼혈집단에게 압도적으로 불리했다. 앞서 말했듯 이 전투에서 셍굼의 부상으로 케레이드 군이 머뭇거리자 이들은 재빨리 죽음의 땅을 벗어나 필사의 도주를 시작했다. 이 필사의 도주는 칭기스칸을 비롯한 모든 혼혈인간들의 눈에 피눈물을 맺히게 했다. 어르노오에 이르자 카라칼지드 전투의 영웅인 코일다르 세첸이 창에 찔린 상처가 도져 고통 속에 숨져갔다. 칭기스칸의 눈에는 뜨거운 눈물만이 흘려 내렸다. 수많은 용사들이 새로운 시대를 열기 위하여 칼과 창에 찔려 죽어갔다.
『몽골비사』에는 당시 죽어간 수많은 영웅들을 코일다르 세첸의 장례라는 형식을 통해 말없는 추모의 정을 표시하고 있다.

코일다르 세첸은 상처가 도져 세상을 떠났다.
칭기스칸의 군대는 일시 멈춘 뒤
칼카 강의 어르노오 산봉우리에 그의 뼈를 묻었다.

코일다르 세첸의 장례와 함께 이곳은 이제 성지가 되었다. 또 그가 칭기스칸에게 유언으로 남긴 미래의 꿈을 실현시켜야 하는 약속의 땅이 되었다.

어르노오에 흐르는 세계제국의 꿈

어르노오는 몽골의 역사에서 매우 중요한 곳이다. 새로운 몽골이 태어난 땅이며, 혼혈집단의 비전과 꿈을 실현시키는 새로운 시대의 법률이 선포된 곳이다. 즉 개혁의 땅이다. 코일다르 세첸의 유언이 흐르는 이곳은 개혁에 뒤따르는 잡음과 불만을 잠재울 수 있는 최적의 땅이다. 사실상 대몽골제국은 1204년 여기에서 성립되었다. 따라서 이곳의 신

어르노오의 찬가(몽골의 대표적인 장가가수 톱신자르갈)

호를 읽지 못하면 대몽골제국이 세계에 보내는 신호도 알 수 없다. 그만큼 이곳은 상징이 강한 곳이다.

칭기스칸은 1204년 봄 코일다르 세첸이 숨을 거둔 이곳에 모든 백성을 집결시켰다. 그리고 새로운 시대를 열기 위해 죽어간 수많은 용사들의 넋을 눈물로 기렸다. 또 그들과의 약속에 따라 기존의 씨족제도를 해체하고 천호제千戶制라는 새로운 사회시스템을 발족시켰다. 그리고 이를 이전에 선보인 군정일치의 통치체제인 케식텐조직과 결합시켰다.

칭기스칸과 함께 수많은 역경을 극복해온 잡다한 혼혈인간들은 그간의 공헌도에 따라 새로운 사회의 통치자들로 임명되었다. 이제 통곡의 고원은 환희의 고원이 되었다. 모래알과 같았던 초원의 사람들은 단단한 바위가 되었다. 이곳에서 이루어진 이들의 믿음이 얼마나 단단한가는 몽골의 원정군이 칭기스칸의 앞에서 행하는 서약에서도 나타난다.

칸의 앞에서 깊은 물을 건너 싸우고
빛나는 돌을 깨뜨리며 싸워줄 것이다.
이르라고 말했던 지역에는
푸른 돌을 깨부수듯 싸우고
돌격이라고 말할 때에는
검은 돌을 부수듯 싸워줄 것이다.[군대]

우리들은 등을 지고 있어도
서로 마주보는 것처럼
멀리 떨어져 있어도

가까운 데에 있는 것처럼

생각하면서 간다면

위 하늘도 그대들에게 가호를 내릴 것이다.[칭기스칸]

이 서약은 『몽골비사』에 기록된 것이다. 원정을 떠나는 푸른 군대가 칭기스칸과 행하는 서약은 믿음의 극치를 보여주고 있다. 이로 인해 "죽음만이 우리를 풀어준다"는 저승사자 군단의 존재가 가능했던 것이 아닐까.

제국을 유지하기 위해서는 법률이 필요하다. 칭기스칸의 법률은 오랜 관습의 깨달음에서 얻어진 고도의 도덕률에 바탕 한 것이다. 이로 인해 일부 학자들은 그의 법률을 윤리적 규범이나 금기로 혼동하는 경우까지 있다. 사실 고도의 도덕률에 바탕 한 법률은 그것이 지도층에게 준수되지 않을 경우 윤리적 규범으로 전락할 위험이 높다. 칭기스칸의 법률에는 마음을 잡는 자만이 누릴 수 있는 특징이 있다. 즉 그의 법에는 그의 권위가 숨어있다는 것이다. 어느 누구도 감히 그 권위에 도전할 수 없는 칭기스칸의 향기가 깊숙이 배어 있다는 것이다. 역사상 이러한 법률이 과연 몇이나 될까.

칭기스칸의 법률은 예케-빌릭(격언)과 예케-자삭(대법령)으로 나누어진다. 『고려사』에도 칭기스칸의 격언이 다음과 같이 수록되어 있다.

사람이 진실로 조그마한 효심이라도 있으면

하늘은 반드시 그것을 알 것이다 人苟小有孝心, 天必知之

다음은 제국 통치의 기본 법률인 칭기스칸의 예케-빌릭(격언)과 예케-자삭(대법령)을 소개한 것이다. 이것을 잘 음미하면 칭기스칸과 그 혼혈집단들이 꿈꾸었던 새로운 사회를 대충이나마 엿볼 수 있을 것이다.

칭기스칸의 대법령 Yeke Jasag

제1조 간통한 자는 간부(姦夫)가 부인이 있건 없건 간에 모두 사형에 처한다.

제2조 수간(獸姦)을 한 자는 사형에 처한다.

제3조 고의로 거짓말을 한 자, 마술을 부리는 자, 다른 사람의 일을 몰래 훔쳐본 자, 남의 싸움에 개입하여 고의로 한쪽을 편드는 자는 사형에 처한다.

제4조 물과 재에 오줌을 눈 자는 사형에 처한다.

제5조 신용을 담보로 물건을 산 뒤 [고의로] 파산하기를 3번에 이른 자는 사형에 처한다.

제6조 구금자의 허락없이 피구금자에게 음식물이나 의복을 준 자는 사형에 처한다.

제7조 도망하는 노예나 죄인을 발견하고도 주인에게 돌려주지 않는 자는 사형에 처한다.

제8조 짐승을 잡을 때에는 먼저 사지(四肢)를 묶고 배를 가른다. 그리고 짐승이 고통스럽지 않게 죽도록 심장을 단단히 죄어야 한다. 만약 이슬람교도처럼 짐승을 함부로 도살하는 자가 있다면 그도 그같이 도살당할 것이다.

제9조 전투 중 전진과 후진을 하는 사이에 무기나 짐을 떨어뜨렸을 경우 그를 뒤따르던 사람이 반드시 주워서 주인에게 돌려주어야 한다. 만약 뒤따르던 사람이 말에서 버려 그것을 줍지 않거나 또 그것을 주운 뒤 반환하지 않을 때에는 사형에 처한다.

제10조 알리-베크와 아부-탈레브의 자손은 모두 조세와 부역을 면제한다. 탁발승, 이슬람 성직자, 사법관, 의사, 학자, 기도와 해탈을 위해 몸을 던진 자, [이슬람사원의 탑에 올라가] 기도시간을 알리는 자, 장의사도 모두 조세와 부역을 면제한다.

제11조　모든 종교를 차별없이 존중해야 한다. 종교란 신의 뜻을 받드는 면에서 모두 같다.

제12조　음식을 제공하는 사람은 그 음식에 독이 없는지 먼저 먹은 다음에야 다른 사람에게 전할 수 있다. 음식 제공자가 왕이고 받는 자가 죄인이라도 같다. 음식을 제공 받는 사람들은 먼저 그 음식이 무엇인가를 물어본 다음에 먹어야 한다. 음식을 먹을 때에는 그 양을 동료들과 비슷하게 맞추어라. 음식을 끓이는 불 및 음식이 담긴 그릇위로 넘어 다니는 것을 금한다.

제13조　음식을 먹고 있는 사람의 옆을 지나가는 손님은 말에서 내려 주인의 허락을 받지 않고도 그 음식물을 먹을 수 있다. 주인은 이것을 거부해서는 안 된다.

제14조　사람들이 먹는 물에 직접 손을 담가서는 안 된다. 물을 뜰 때는 반드시 그릇을 사용해야 한다.

제15조　옷은 완전히 너덜너덜해질 때까지 입어야 하며 [천둥번개가 칠 때 강이나 샘에서 함부로] 빨래를 해서는 안 된다.

제16조　만물의 어떠한 것도 부정하다고 말하면 안 된다. 만물은 애초부터 모두 청정(淸淨)하며 깨끗한 것과 부정함의 구별이 존재하지 않는다.

제17조　모든 종교의 종파에 대해 좋거나 싫은 정을 나타내거나 과대포장하지 말고 경칭도 사용하지 말라. 또 대칸을 비롯한 그 누구에게도 경칭 대신 이름을 불러라.

제18조　나의 계승자들은 전쟁에 나설 때 군대와 무기를 철저히 검사해 원정에 필요한 모든 것을 보충해야 한다. 바늘과 실에 이르기까지 철저히 검사해야 한다. 만약 병사 가운데 필요한 것을 제대로 갖추지 않은 자가 있으면 처벌한다.

제19조　종군하는 부녀는 남편이 싸움에서 물러났을 때 남편을 대신하여 의무를 다해야 한다.

제20조　전쟁이 끝나 개선하는 병사들은 대칸을 위해 주어진 책무를 다해야 한다.

제21조　모든 백성들은 매년 초에 딸 전부를 술탄에게 내놓아야 한다. 술탄은 그 중에서 자신의 아버지와 자식의 처를 고를 수 있다.(이 조항은 이슬람의 습속을 기술한 것으로 칭기스칸의 대법령과는 거리가 있다고 보여진다)

제22조　노얀(공신)들을 군의 사령관으로 삼는다. [칭기스칸만이] 천호장, 백호장, 십호장에 이르는 각 노얀들을 임명할 수 있다.

제23조 제국에서 가장 높은 지위의 노얀이라도 과실이 있어 그를 견책하는 사신이 도착할 때에는 그 사신의 지위가 아무리 낮더라도 정중하게 맞이해야 한다. 그가 전하는 명령이 사형이라도 그 앞에 엎드려 형의 집행을 받아야 한다. 또 대칸의 허가없이 스스로의 직위를 바꾸는 자는 사형에 처한다.

제24조 노얀들은 대칸만을 섬겨야 하며 그 이외의 자들과 멋대로 교류하는 것을 금한다. 만약 이 명령을 위반하는 자가 있으면 사형에 처한다. 또 대칸의 허가 없이 스스로의 직위를 멋대로 바꾸는 자도 사형에 처한다.

제25조 제국내의 예기치 못한 사변을 미리 알고 또 대처하기 위해서 상설의 역전(驛傳, Jamchi)을 설치하여야 한다.

제26조 내 아들 차카타이는 나를 대신하여 예케-자삭이 지켜지는지 감시하라.

제27조 전투에 태만한 병사와 공동사냥 중 짐승을 놓친 자는 태형(笞刑) 버지 사형에 처한다.

제28조 살인을 한 자도 [그 죄에 상응하는] 벌금을 버면 사형을 면한다. 이슬람교도를 죽인 자는 40발리쉬(Balysh), 거란인을 죽인 자는 당나귀 한 마리의 값을 예치해야 한다.

제29조 말을 훔친 자는 훔친 말과 같은 종류인 말 9마리를 더해 변상해야 한다. 변상할 말이 없으면 자식으로 대납해야 한다. 만약 자식도 없을 때에는 양처럼 본인이 도살될 것이다.

제30조 거짓말, 절도, 간통을 금하며 이웃을 자신처럼 사랑해야 한다. 몽골사람들은 서로 다투지 말고 법도 위반하지 말라. 서로 힘을 합쳐 정복한 국가 및 도시를 지켜라. 몽골사람들은 신을 받드는 성전의 조세를 면제하고 또 성전 및 그것에 봉사하는 성직자들을 우러러보도록 하라.

제31조 서로 사랑하라. 간통하지 말라. 도둑질하지 말라. 위증하지 말라. 모반하지 말라. 노인과 가난한 사람을 정성껏 돌봐 주어라. 이 명령을 지키지 않는 자는 사형에 처한다.

제32조 음식이 목에 걸려 꺽꺽거리는 자는 게르 밖으로 끌어버 바로 죽여라. 그리고 사령관의 군영(軍營) 문지방을 발로 밟은 자도 사형에 처한다.(이 조항의 처음 부분은 무언가의 오해나 문장의 탈락이 있다고 보여 진다.)

제33조   만약 술을 끊을 수 없다면 한 달에 세 번만 먹어라. 그 이상 먹으면 처벌하라. 만약 한 달에 두 번 마신다면 좋은 것이고 한번만 마신다면 칭찬을 들어 마땅하다. 안마시다면 그 이상 좋은 것이 없지만 그런 사람이 어디 있으랴. 만약 그런 사람이 있다면 그는 세상의 모든 칭송을 들어야 할 것이다.

제34조   첩이 낳은 아들도 적법자이며 아버지가 정한 바에 따라 상속을 받을 권리가 있다. 재산의 분배는 다음과 같은 원칙에 따른다. 연장자는 연소자보다 재산을 많이 받으며 특히 막내는 아버지의 게르와 가재도구를 상속받는다. 아들의 순위는 어머니의 지위에 따른다. 부인이 많은 경우에는 혼인의 시점을 기준으로 해서 그 중 한명을 정처(正妻)로 삼는다.

제35조   아버지가 사망하면 아들은 생모(生母)를 제외한 모든 처첩(妻妾)을 임의로 처리할 수 있는데, 결혼해도 좋고 다른 사람에게 시집을 보내도 좋다.

제36조   아버지가 사망하면 적법한 상속자 이외에는 그 누구도 그의 유물을 함부로 사용할 수 없다.

칭기스칸의 격언 Bilig

제1조   칼날 같은 준엄함과 명분이 있어야만 확고하게 지배할 수 있다.

제2조   이후 태어날 수많은 칸들과 그 후예들, 노얀들과 전사들이여! 예케-자삭을 지키지 않는다면 제국은 멸망할 것이다. 그 때가서 나 칭기스칸을 불러도 소용이 없다.

제3조   모든 만호장, 천호장, 백호장은 연초와 연말에 나한테 와서 훈시를 듣고 가야만 군대를 지휘할 자격이 있다. 자기 게르에 들어앉아 내 말을 듣지 않은 자는 물에 빠진 돌처럼, 갈대밭에 떨어진 화살처럼 없어질 것이다. 이런 자들은 백성을 지휘할 자격이 없다.

제4조   집안을 잘 다스리는 자는 그 영지도 잘 다스릴 수가 있다. 10호를 잘 다스리는 십호장이라면 천호나 만호를 다스리게 해도 실수 없이 잘 다스릴 것이다.

제5조　　몸을 바르게 가진다는 것은 자기의 영지에서 도적을 근절시키는 것과 같다.

제6조　　10호를 다스리지 못하는 십호장은 가족과 함께 벌한다. 그리고 그 10호 가운데에서 새로운 십호장을 선출해야 한다. 백호장, 천호장, 만호장도 이와 같다.

제7조　　3인의 전문가(장로)가 옳다고 하면 옳은 것이고 그렇지 않으면 틀린 것이다. 자기를 비롯한 주변의 말을 항상 전문가(장로)의 말과 비교하라. 만약 말이 일치되면 옳은 것이고 그렇지 않으면 틀린 것이다.

제8조　　윗사람의 앞에 나아가서는 그가 말하기 전에 먼저 입을 열지 말라. 물어볼 때만 답하라. 먼저 그의 말을 듣는 것이 좋다. 그렇게 하지 않으면 달구어지지 못한 쇠를 때리는 것과 같게 된다.

제9조　　살이 쪄도 잘 달리고, 적당히 살이 올라도 잘 달리고, 여위어도 잘 달리면 좋은 말이다. 위의 3가지 경우 가운데 어느 하나에만 해당하면 좋은 말이라 할 수 없다.

제10조　　군대를 지휘하는 사령관들이나 그에 소속된 모든 병사들은 수렵에서 자신의 명예를 빛내듯이 전쟁에서도 이름과 명예를 소중히 빛내야 한다. 또 천지신명에 빌어 마음의 평정을 얻어야 하며 그 평정심 속에 8백 개의 영광을 기원해야 한다.

제11조　　평화시 사람들과 같이 있을 때에는 양순한 송아지와 같아야 하며 전쟁 때에는 사냥 때 풀어놓은 굶주린 매와 같아야 한다. 어느 때나 아비규환과 같은 소리를 지르며 일을 해서는 안 된다.

제12조　　진실한 언어는 사람을 움직인다. 꾸며진 언어는 힘이 없다.

제13조　　자신을 알아야만 남을 이해할 수 있다.

제14조　　사람은 태양으로 인해 모든 것을 볼 수 있다. 부인은 남편이 사냥 또는 전투에 나간 사이 집안을 잘 꾸미고 정돈해야 한다. 부인은 언제 어느 때 사신이나 손님이 집을 방문하더라도 모든 것이 잘 갖추어지고 정돈된 것을 보여주어야 한다. 부인이 손님접대를 잘 하면 손님들은 과분함을 느낀다. 이렇게 부인이 남편을 보좌하면 남편의 이름을 산과 같이 높일 수 있다. 훌륭한 남편은 훌륭한 부인의 존재로부터 알려지는 것이다. 부인이 양순하지 않고 게으르며 분별력도 없고 사물조차 정돈하지 않는다면 남편 역시 불량하게 된다. 옛말에 이르기를 "집안의 모든 것은 그 주인을 닮는다"고 했다.

제15조   일을 이루기 위해서는 세심해야 한다.

제16조   사냥을 나가면 짐승을 많이 잡아야 하고 전쟁에 나가면 적을 많이 죽여야 한다. 하늘의 도리를 따르면 일이 쉽게 이루어진다. 사람이 하늘을 거역하면 하늘도 사람을 배반한다.

제17조   우리들 가운데 그 누구도 예순-베이와 같은 용사는 없다. 그는 어떠한 악천고투의 원정에서도 피로하거나 고통을 느껴본 적이 없다. 그 때문에 그는 주변의 모든 병사들이 자기와 같다고만 생각한다. 그러나 우리 모두는 도저히 그를 따라갈 수 없다. 이러한 이유로 예순-베이는 군대를 지휘하기에 적당치 않다. 군대를 이끌 수 있는 자는 배고픔과 목마름을 느낄 줄 아는 자라야 한다. 남의 어려움을 살필 수 있는 자만이 군대를 배고픔과 목마름에서 고통받지 않게 하며 수반하는 동물들도 여위지 않게 할 수 있다. 원정기획과 고난의 강도는 병사 중에서 가장 약한 자를 기준으로 삼아야 한다.

제18조   상인들이 장사에서 이익을 버는 비결은 먼저 잘 좋은 비단이나 귀중한 물건들을 갖추어 놓은 뒤 그 판매 방법까지 통달하고 있기 때문이다. 노얀들은 먼저 자식들에게 활쏘기나 말타기 등을 잘 가르쳐 전투행위에 숙달시켜야 한다. 그 다음 상인들처럼 그 기술을 과감히 활용하라.

제19조   내가 죽은 뒤 우리 몽골의 자손들은 비단옷을 걸치고 맛있는 음식과 안주를 먹고 좋은 말을 타고 미녀들을 품에 안을 것이다. 그러나 그것을 갖다준 자가 그 아버지와 제 형임을 말하지 않으면 안 된다. 또 나와 같은 위대한 빚이 있었다는 것도 잊으면 안 된다.

제20조   만약 술을 끊을 수 없다면 한 달에 세 번만 먹어라. 그 이상 먹으면 처벌하라. 만약 한 달에 두 번 마신다면 좋은 것이고 한번만 마신다면 칭찬을 들어 마땅하다. 안마시다면 그 이상 좋은 것이 없지만 그런 사람이 어디 있으랴. 만약 그런 사람이 있다면 그는 세상의 모든 칭송을 들어야 할 것이다.

제21조   오, 신이여! 이전에 알탄칸(금나라 황제)이 난을 일으켜 불화를 만든 것을 들었을 것입니다. 그는 타타르부가 잡아 보낸 무고한 어킨-바르카그와 암바카이칸을 죽였습니다. 이 두 사람은 내 조부의 형들입니다. 나는 보복하기를 원하며 그들의 피를 보고자 합니다. 신이여, 내 의도가 바르다고 한다면 나에게 힘과 승리를 주소서! 하늘의 천사들, 모든 사람들, 모든 요정과 정령들에게 명하여 나를 도와주소서!

제22조 내 병사들을 거대한 숲처럼 찬연히 떠오르게 하고 병사들의 처와 연인, 딸들을 붉은 불꽃처럼 빛나게 만들어야 한다. 내가 할 일은 그들의 입에 달콤한 사탕을 넣어주며 가슴과 어깨에 비단옷을 늘어뜨리게 하고 좋은 말을 타게 하는 것이다. 그리고 그 말들이 강가에서 깨끗한 물을 마시고 싱싱한 풀을 마음껏 뜯도록 하는 것이다. 그들이 지나 다니는 길에 먼지나 그루터기를 비롯한 온갖 나쁜 것들을 깨끗이 청소하여 그들의 게르에 불순물과 근심의 씨앗이 들어가지 못하도록 막는 것이다.

제23조 몽골인이라면 누구를 막론하고 정해진 자삭을 준수해야 한다. 자삭을 어기면 먼저 말로 훈계하라. 두 번째 어길 때는 강도를 높여 책망하라. 세 번째 어길 때는 멀리 발조나(1203년 칭기스칸이 맹우들과 서약을 한 곳) 계곡으로 보내어 반성하게 하라. 그래도 고치지 않으면 쇠사슬로 묶어 감옥에 보내라. 그러고 나서 반성하면 다행이지만 그렇지 않으면 친족을 모아 회의를 열고 그 처치를 논의하라.

제24조 만호장, 천호장, 백호장은 각각 군대를 잘 정비하고 있어야 된다. 명령이 떨어지면 한밤중이라도 지체없이 말을 달릴 수 있어야 한다.

제25조 오난강과 겔루렌강 사이나 바르코진(바이칼호 동부지역) 일대에서 태어난 청년들은 모두 현명하고 웅대하며 영웅적인 기질이 있다. 이들은 경험과 지도나 지시가 필요 없을 정도로 모두 똑똑하며 또 선량하다. 이 지역에서 태어난 처녀들 역시 좋은 모피 옷을 걸치거나 아름답게 치장하지 않더라도 모두 예쁘다.

제26조 (모칼리 국왕이 칭기스칸에게 파견했던 사신이 돌아오자) 묻기를 "그대가 칭기스칸에 경의를 표한 뒤 나의 말을 전했을 때 칸은 무어라고 하던가"라고 했다. 사신은 "엄지손가락을 구부렸습니다"라고 답했다. 모칼리가 묻기를 "칸은 나를 가리켰느냐"고 했다. 사신이 "그렇고 말구요"라고 답하자 모칼리는 "그렇다면 내가 죽음을 무릅쓰고 칸에게 바친 힘이 헛되지 않았다"라고 했다. 모칼리는 의기양양해서 "또 나 이외에 칸은 누구를 가리켰느냐"라고 물었다. 사신이 말하기를 "칸은 보오르초, 보로쿨, 코빌라이, 지르고안, 카라차르, 페테이, 바다이, 키실릭 그 모두를 가리켰다"고 했다. 또 칸이 말하기를 "그들은 모두 내 앞뒤에서 누구보다도 잘 나를 보필했다. 그들은 화살을 잘 쏘았으며 솔선해서 좋은 말들을 가져 왔다. [사냥 때에는] 매를 날리며 개들을 몰았다"라고 했다.

제27조　어느 날 명성 높은 노얀인 발라-칼자가 나에게 "칸은 모든 권력의 장악자이며 영웅이라 칭송됩니다. 칸의 손에도 정복과 승리의 표식이 있습니까"라고 물었다. 칭기스칸은 겸손하게 답했다. "내가 즉위하기 전 일찍이 혼자였을 때 노상에서 말을 타고 가고 있었다. 6명이 다리에 매복하여 나를 공격했다. 그들의 소리를 듣자마자 나는 곧바로 칼을 빼들고 돌진했다. 그들은 비오듯 화살을 날렸지만 그 어느 하나도 내 몸에 이르지 못했다. 나는 칼로 그들을 모두 죽인 뒤 상처하나 없이 다시 말을 타고 갔다. 돌아오는 길에 죽은 자들을 주변을 지났는데 주인 잃은 6필의 말이 방황하고 있었다. 나는 그것을 모두 몰고 갔다"

제28조　내가 일찍이 보오르초와 함께 말을 타고 가고 있을 때였다. 20명이 산꼭대기에서 매복하고 있었다. 보오르초는 한참 뒤떨어져 말을 몰고 오고 있었다. 나는 그를 기다리지 않은 채 스스로의 힘과 무용을 믿고 그곳으로 돌진했다. 그런데 그들이 돌연 모두 화살을 발사하기 시작했다. 화살들이 나의 사면으로 날아들어 왔다. 돌진중인 나는 그만 입에 화살을 맞았다. 나는 그대로 말에서 떨어져 기절해 버렸다. 그 때 보오르초가 달려왔는데 그는 이미 내가 중상을 입고 거의 반죽음이 된 것을 알아차렸다. 그는 나의 다리를 끌고 옥구슬처럼 굴러버려 갔다. 그리고 곧바로 물을 데워 날라 왔다. 나는 목구멍을 씻고 응혈을 토해 냈다. 내 몸에서 떠나가려고 한 영혼은 다시 돌아왔다. 의식도 신체의 자유도 회복되었다. 나는 일어서 다시 돌격했다. 그들은 나의 대담성에 공포를 느끼고 산꼭대기에서 몸을 날려 모두 죽었다. 보오르초 노얀에게 타르칸(자유자재의 사람)이란 칭호를 주라는 칙명의 유래는 바로 이 때 그가 행했던 헌신적인 공로 때문이다.

제29조　칭기스칸이 어느 날 아침 일찍 일어났다. 아직 정정한 나이에도 불구하고 검은머리 속에 몇 가닥의 새치가 눈에 띄었다. 옆에 있던 자가 "오!오! 칸이여! 그대는 연령적으로 아직 노인과는 거리가 먼 젊고 행복한 때이다. 그런데 머리가 회색이 되었다는 것은 무슨 까닭일까"라고 했다. 나는 "하늘은 나를 만호와 천호의 장으로 삼아 선행의 깃발을 높이 걸게 하셨다. 그래서 윗사람의 표시인 회색의 상징을 내 머리에 버리신 것이다"라고 답했다.

제30조　사람의 패락이란 배신자를 추격하여 죽이고 적과 싸워 그들을 섬멸하는 것, 그들의 소유물을 모두 빼앗아 그를 받들었던 자들의 얼굴이 눈물과 콧물로 범벅되도록 울게 만드는 것, 그들의 말을 빼앗아 타는 것, 그들이 사랑했던 처와 첩들의 배와 배꼽을 침대 및 이불로 삼아 그 장미 빛의 얼굴을 애무하며 그 붉은 입술을 빠는 것에 있다.

마지막으로 이 할흐골의 달밤에 칭기스칸의 통치술과 철학을 잘 보여주는 『몽골비사』의 기록 하나를 소개하려고 한다. 대몽골제국의 성립 후 서로 2인자를 자처하면서 정권에 도전한 동생 카사르와 천신 텝텡게리를 하나는 전권박탈, 하나는 공개처형이라는 방식으로 처벌한 뒤 그 불공평에 항의하는 공신 멍리그에게 한 말이다.

텝텡게리의 시신을 안치한 게르의 천창을 덮고 문을 막은 뒤 사람들에게 지키게 했다. 삼일 째 밤이 지나가고 날이 밝을 무렵 시신은 게르의 천창을 열고 나갔다. 조사해 보자 확실히 텝텡게리는 그곳에 없었다. 칭기스칸이 말했다.

"텝텡게리는 나의 아우들에 손발을 내었기 때문에, 나와 아우들 사이를 근거도 없이 비방했기 때문에 하늘이 그를 미워하여 그의 생명과 신체까지 가지고 가버렸다."

칭기스칸은 다시 멍리그를 그곳에서 질책했다.

"그대는 아이들의 사악한 성격을 막아 바로잡지 못하고 나와 대등하게 되려고 생각했다. 그로 인해 큰 재앙이 텝텡게리의 머리 위에 이르렀던 것이다. 그대들은 그대들의 이러한 품성을 깨닫지 못한다면 자모카, 알탄, 코차르 등의 나쁜 도리를 가진 자처럼 간주 받을 것이다."

질책이 끝난 뒤 다시 말했다.

"아침에 말했던 것을 저녁에 파괴한다면, 저녁에 말했던 것을 다음 날 아침에 파괴한다면 '수치스럽지 않은가'고 세상에서 말해진다. 이전에 그대들에 대한 모든 말이 다 정해졌던 것이다. 좋다. 그것은 다 지켜질 것이다."

그리고 진노를 풀었다. 그러면서 다시 말했다.

"정도를 넘고자 하는 성격을 잘 억제한다면 이후 멍리그의 자손에 누구의 자손이 대등하게 맘먹을 수 있겠는가."

텝텡게리가 죽고 나서 콩코탄 씨족 형제들은 안색을 잃어버렸다.

칭기스칸은 자신에게 충성했으며 또 민중의 사랑을 받았던 종교지도자 텝텡게리의 시신을 신약성서에 묘사된 성자의 마지막을 연상케 하는 방식으로 성스럽게 처리했다. 그리고 아버지 때부터 지금까지 자신에게 충성한 멍리그 및 그 일족에 대하여 질책과 함께 변함없는 애정을 보여주었다.

할흐골 솜을 떠나며

이제 우리는 몽골에서의 여정을 끝내고 중국 내몽골로 가려고 한다. 달빛을 받아 아름답게 빛나는 저 할흐 강을 건너면 바로 내몽골이지만 우리는 지금 그곳으로 갈 수 없다. 이곳에서 다시 올라안바아타르, 서울, 북경, 하일라르로 이어지는 경로를 거쳐야 한다. 우리는 이곳을 떠나기 전날 밤, 달빛 고요한 할흐 강의 언덕에서 칭기스칸을 사랑하는 사람들과 은잔을 나누었다. 이날 밤늦도록 아름다운 선율의 노래들이 달과 함께 흘렀다.

『이븐바투타 여행기』에는 이븐바투타Ibn Batutah(1304~1368)가 항주杭州에서 뱃놀이를 하면서 감명 깊게 들은 노래가 수록되어 있다. 원나라

할힌골 전승기념탑

때 가수들은 중국어와 아랍어, 페르시아어로 노래를 불렀다. 그 때 한 가수가 부른 페르시아의 노래가 선율이 심히 감동적이라며 책에 소개되어 있는데, 오늘 한 여인이 애절하게 부른 노래가 이와 같았다.

솟구치는 격정 누를 길 없는 이 내 마음,
마냥 대양의 파도 속에 잠겼노라.
허나 일편단심 변함없는 그 마음,
내 온갖 고달픔을 잊게 하노라.

우리가 사랑하는 사람들과 헤어지던 날 고요한 달빛이 뻐꾸기 우는 아름다운 할흐 강에 어려 있었다.

2장

초원의 진주, 헐런 호수

헐런호수의 칭기스오야

초원의 진주 하일라르시

하일라르Хайлар는 초원의 진주라 불리는 도시이다. 우리가 할흐골 솜에서 머나먼 길을 돌아 보이르 호수의 건너편인 이곳에 도착한 시기는 8월 말이다. 몽골의 보이르 호수와 내몽골의 헐런 보수는 헐런-보이르라는 역사적 지명자체가 나타내 주듯이 서로 분리할 수 없는 한 지방이다. 칭기스칸의 행적도 이 두 지역에 연속되어 있다.

이민 강과 하일라르 강에 감싸인 초원의 도시 하일라르는 『세계정복자사』에 묘사된 니샤푸르Nishapur와 같은 아름다움을 지니고 있다.

> 만약 대지가 하늘에 비유된다면
> 지방들은 별과 같을 것이며
> 이 별들 가운데 니샤푸르는
> 휘황한 금성처럼
> 가장 반짝이는 별일 것이다.

만약 이것을 사람에 비유한다면

니샤푸르는

그 우아함과 화려함으로 인해

눈동자로 간주될 것이다.

니샤푸르는 제베Jebe와 수베에테이Sübe'etei가 이끄는 칭기스칸의 저승 사자 군단이 술탄 마호메트를 뒤쫓으면서 이른 페르시아의 한 도시이 다. 우리가 이곳에 오기 전 김정일이 이곳에 하루 머물렀다. 그는 러시 아의 울란우데에서 메드베데프 대통령과 만났는데 돌아가는 길에 이곳 에 들렀지만 전용열차에서 내리지는 않았다.

몽골인들은 초원의 진주 하일라르를 1936년에 작가 야담수렝Ядамсүрэн 의 시에 유명한 무용가인 이친호를로오Ичинхорлоо가 선율을 붙인 "아일 라르의 소녀"라는 춤곡으로 마음 아프게 기억하고 있다. 1936년 중반 몽골, 만주국의 정부지도자들이 하일라르 기차역에서 만나 협약을 맺은 바가 있다. 이때 하일라르의 아일라아르Айлаар라는 여성이 몽골 대표단 의 공식 통역을 담당했다. 그녀는 훌륭한 마음을 가진 아주 헌신적인 여 성이었다.

이에 몽골 대표단은 감사의 표시로 몽골 여성용 겉옷(오즈)을 선사했 는데, 그녀에게 아주 잘 어울렸다. 그래서 당시 협약단의 일원으로 참가 했던 야담수렝이 시를 써서 그녀를 찬미했다. 그 시의 내용 중의 한 대 목을 소개하면 다음과 같다.

형과 아우인 우리 몽골 사람들이여!

거대한 역사를 지닌 이 옷이,

아일라아르 소녀에게 어울리니,

온갖 방향에서 경탄이 흐른다!

그러나 이 춤곡은 즉시 반동가곡으로 몰려 1937년부터 상영 금지되었다. 왜냐하면 몽골의 땅을 점령한 채 지배하고 있는 러시아나 중국인에게 흩어진 몽골인들이 만나서 서로 눈물을 흘리는 것은 그 자체가 미래의 위험을 초래할 수 있는 반동적 행위였기 때문이다.

요즘 중국은 국가적인 차원으로 역사문화 부활 및 복원에 매진하고 있다. 곳곳에 유적이 복원되고 거대한 기념물과 박물관이 들어서고 있다. 우리가 도착한 하일라르 역시 예외가 아니다. 하일라르 공항에는 칭기스칸의 어머니인 허엘룬과 아내인 버르테를 상징한 거대한 동상이 서 있다. 그리고 그곳부터 시내 중심지까지 각종 조형물이 예술적 감각을 자랑하며 줄지어 이어져 있다.

에벤키박물관

우리가 하일라르에 도착한 때는 9월이 시작되는 시기라 뻐꾸기의 소리는 들을 수 없었다. 그러나 하늘의 사신 만큼은 반드시 내려왔다. 우리가 이곳에서 만난 하늘의 사신은 하일라르 대학 소욜마아Soyolmaa 교수 내외와 이전 보르칸 칼돈 산에서 우리를 구원해 주었던 맹송림孟松林 선생이다. 자모카의 땅에서 만난 그들은 정말 잊을 수 없는 따뜻한 마음을 지닌 사람들이다. 그들은 우리의 답사계획을 만들어주고 또 각지의 전문가들을 소개해 주었다. 우리는 그들로부터 하일라르의 가장 좋은 호텔에서 융숭한 대접을 받은 뒤 길을 떠났다.

오르시온 강의 달빛과 차가앙 타타르

오후에 하일라르 시를 관통해 흐르는 이민하伊敏河 다리를 건너 중국 측 보이르 호수 쪽을 향해 떠났다. 우리는 아직 이민하가 무슨 뜻인지 모른다. 또 하일라르 시의 이름을 만든 하일라르 강의 뜻도 논쟁 중이다. 이 강은 『요사』에 해륵아海勒兒, 『원사』에 해라아하海喇兒河라고 표기되어 있는데, 현재 가장 유력한 설은 '산 마늘'과 '눈 녹은 물'에서 유래했다는 견해이다.

몽골의 강둑이나 산에는 5월 중순이 되면 산 마늘의 강둑이나 산이라 부를 수 있을 정도로 무성하게 자라난다. 내가 언젠가 몽골 중부 지역에 위치한 항가이 산지에서 말을 타고 가다가 잠시 내려서 누운 적이 있었다. 그 때가 5월 중순이었는데 온 천지가 산 마늘로 덮여있었다. 산지의 군데군데 쌓여 있는 얼음은 곳곳에 작은 호수를 이루며 녹고 있었다. 당시 나의 동반자는 말 한 마리뿐이다.

산 마늘은 칭기스칸이 어린 시절 주식으로 먹고 자란 풀이다. 나도 2010년부터 이 산 마늘을 몽골에서 1년 치의 분량을 채취 해 먹고 있다. 나는 현재 암 치료 중인데, 내가 걸린 암의 특효약이 산마늘이라고 한다. 몽골에서 자라는 산마늘은 약효도 좋고 값도 아주 싸서 나에게는 하늘의 선물과 같은 귀중한 식물이다.

차는 어느덧 신바르가좌익기를 지나 보이르 호수로 향하고 있다. 소욜마아 교수는 우리의 여행을 위해 미국제 차 한 대를 제공하고 또 조카인 헉질트Хөгжилт를 운전사로 붙여주었다. 당시 이곳은 목초 베기가 한창이었는데 그도 직장에서 휴가를 내어 부모님을 돕고 있었다. 그러나 그는 소욜마아 교수의 호출을 받자 다른 일꾼을 고용하고 우리에게 달려왔다. '진보가 있다'는 뜻의 이름을 지닌 헉질트는 이 여행을 마치면 이름 그대로 고대 몽골역사에 대한 지식이 향상될 것이다. 성격이 활발하고 지인이 많았으며 운전솜씨가 뛰어났다.

헉질트와 보리아드 전통옷을 입은 그의 친구. 강 너머는 러시아이다.

그리고 우리의 목표지인 보이르 호수 근처의 보이르 솜貝爾蘇木으로 향했다. 달이 떠오르는 시점에 우리는 오르시온 강의 다리에 도착했다. 헐런 호수와 보이르 호수를 잇는 오르시온 강은 역사의 강이다. 어린 칭기스칸이 아버지의 손에 이끌려 버르테에게 데릴사위로 간 길도 바로 이 길이다. 그런데 묘하게 이곳은 1201년까지 차가앙 타타르 씨족의 땅이었다.

차가앙 타타르씨족은 주변 씨족들이 해와 달이라면 월식이나 일식 같은 애매한 빛을 내는 존재였다. 사는 곳도 그렇고 정체성 자체가 회색분자와 같아 이곳에서 범인 확정이 어려운 사건들이 자주 발생했다. 사건의 형태는 주로 테러와 납치였다. 차가앙이란 백색이란 뜻이고 또 착한 마음을 상징하는 단어인데, 그들의 행동이나 마음은 전혀 그렇지 않았다. 그것을 보여주는 대표적인 사례가 이곳에서 일어난 몽골부의 지도자 암바카이칸 Ambakhai Khan 납치피살사건이다.

『몽골비사』에는 암바카이칸이 보이르호와 컬렌 Kölen(오늘날의 헐런)호를 연결하는 오르시온 강 주변에 살고 있는 아이리오드 보이로오드 타타르Ayiri'ud Buyiru'ud Tatar 사람들이 살고 있는 곳으로 딸을 시집보내려 직접 데리고 가다가 타타르의 용병에게 잡혀 금나라로 보내진 사연이 자세히 기록되어 있다. 그때 그는 다음과 같은 유언을 남겼다.

오르시온강(烏爾遜河, Орчун гол)

몽골인들이

스스로 딸을 데리고 시집보내러 이곳에 가는 것은

나의 예를 보아 아주 조심하도록 하라.

나는 타타르인에게 잡혔다.

너희들은

다섯 손가락의 손톱이

모두 닳아 없어질 때까지

열 개의 손가락이

모두 마모되어 없어질 때까지

나의 원수를 갚아다오.

아이리오드와 보이로오드는 이곳의 산 이름이다. 당시 몽골인들이 그들을 '마음이 착하다'는 뜻의 차가앙 타타르로 부르지 않고 지명으로 통칭했던 이유는 그들의 치사한 행보와 처신 때문이었을 것이다. 이러한 전력이 있는 차가앙 타타르 씨족은 이후 어떤 역사의 행로를 걸었을까. 그들의 이야기는 대낮보다 지금처럼 달빛이 어린 사방이 어슴푸레한 때에 하는 것이 그들의 스타일과도 잘 어울린다.

1200년 봄 오난 강에서 발생한 옹칸과 칭기스칸에 의한 타이치오드 씨족의 붕멸은 그 동안 이들의 외압이 덜 미치고 있었던 컬렌호 일대의 몽골씨족들에게 큰 충격을 주었다. 이들은 이전부터 자모카를 지지하는 골수분자들이었다. 두려움과 불안감이 이들을 휩쓸었다. 금나라의 변경을 제집처럼 들락거렸던 이들은 어느 면에서 용사 중의 용사들이었다. 그러나 이들도 무언가를 선택할 수밖에 없는 갈림길을 맞았다. 이들은 항복대신 대결을 택했다.

이들은 옹칸과 관계를 맺고 있는 자모카를 배제한 채 타타르부와 연합하여 자신들을 방어한다는 자구책을 강구했다. 타타르부는 비록 분열된 상태이지만 제각기 상당한 무력을 지닌 공포의 집단이었다. 컬렌호 일대의 몽골씨족들은 유목지가 인접한 차가앙 타타르 씨족을 끌여들였다. 그러자 차가앙 타타르는 오늘날 내몽골 실링골 지역 올코이Ulkhui하 일대에 포진한 알로카이 타타르Alukhai Tatar 씨족까지 끌어들였다. 그리고 1200년 여름 알로카이 타타르씨족의 유목지에 모여 초원의 이단아 칭기스칸을 공격한다는 알코이 볼락Alkhui bulag 맹을 체결했다. 이들은 백마의 허리를 자르며 이렇게 서약했다.

천지를 주관하는 신이여!
지금 우리들이 어떠한 서약을 했는가를 들으소서!
그리고 저 동물들의 말라비틀어진 모습을 보소서!
만약 우리들이 서약을 준수하지 않거나 파괴한다면
우리들을 저 희생가축들과 같이 죽음에 떨어뜨리게 하소서!

그러나 이들의 행동은 칭기스칸의 장인인 데이세첸Dei Sechen에 의해 옹칸과 칭기스칸에게 낱낱이 보고되고 있었다. 그리고 이곳에 위치한 보이르 호반의 평원에서 옹칸과 칭기스칸 연합군의 기습을 받아 대패했다. 그렇지만 칭기스칸은 옹칸이란 인물의 복잡한 머릿속을 헤아리기 위해 도망치는 그들을 추격할 수 없었다.

이것이 칭기스칸과 차가앙 타타르의 1차 라운드이다. 그러면 2차 라운드는 어떻게 전개되었을까.

1200년 봄부터 고원에 어느 날 갑자기 번쩍거리기 시작한 섬광은 점차 거대한 피의 회오리와도 같은 모습으로 변해갔다. 초원의 곳곳에서 어마 어마한 핏기둥이 형성될 기미가 보였다. 칭기스칸은 이 전투를 기점으로 차가앙 타타르 및 자모카와 옹칸을 말없이 응시했다. 옹칸의 마음속에는 아직도 자모카의 그림자가 진하게 남아 있었다. 세상 풍파를 다 겪은 옹칸이 누구인가. 그는 기회만 닿는다면 마지막 반전을 위해 자모카라는 최후의 카드를 뽑아들고도 남을 그런 인물이었다. 비록 그때가 언제인지는 몰라도 조만간 닥쳐오리라는 것은 의심할 바 없었다.

칭기스칸은 그런 불길한 시나리오가 가동되기 전에 먼저 그들과 연합 가능성이 높은 보이르 호수 남쪽의 타타르부를 공격하여 절멸시켜 버렸다. 그것이 바로 달란 네무르게스 전투였다. 그러자 위기를 느낀 차가앙 타타르는 마지막 남은 알치 타타르Alchi Tatar 씨족과 함께 1201년 여름 자모카를 몽골의 칸으로 옹립하는 구르칸Gür Khan 맹약에 참가했다. 그러나 구르칸 맹약의 세력은 칭기스칸의 혼혈집단에게 격파되었고 차가앙 타타르는 이전보다 더욱더 고립되었다.

그러자 이들은 생존을 위해 처절히 몸부림치기 시작했다. 그러나 시간의 차이만 있을 뿐 이들 역시 정해진 운명처럼 최후의 순간을 맞지 않으면 안 되었다. 그것이 고원의 법칙이었다. 칭기스칸은 구르칸 맹약에 참가했던 세력 중 가장 먼저 이들을 추격했다. 그리고 찬바람이 몰아치는 1201년 겨울 어느 날 그들 앞에 나타났다. 이들은 결사적으로 남쪽으로 도주했지만 결국 자그마한 실개천인 실루겔지드Shilügeljid 강변에서 모두 포위되었다. 그리고 고원에 통용되는 유일한 법칙인 제로섬게임의 논리에 따라 처절하게 약탈당하고 숨져갔다.

칭기스칸은 힘없는 이들에 대한 공격을 앞두고 키야드 씨족의 노얀들을 비롯한 모든 자들과 함께 전리품은 전쟁이 끝난 후 공평히 나누어 갖는다는 서약을 했다. 그 서약이 내용은 이렇다.

적을 물리쳤을 때 전리품 근처에 서있는 것을 금지한다.

적을 완전히 제압한다면 결국 그 전리품은 우리들의 것이다.

우리들은 그것을 공평히 분배해야만 한다.

이때부터 분배의 원칙이 정해졌다. 하루살이와 같은 시한부의 서약들이 난무하는 몽골고원에서 이 서약은 도대체 무엇을 의미하는 것일까. 사실 이 서약은 키야드씨족 노얀들의 지위격하나 전리품 배분에서의 우선권박탈에서도 잘 나타나듯이 칭기스칸과 혼혈집단 간에 맺은 약속의 현실화를 상징하고 있다.

칭기스칸은 타이치오드 씨족이나 자모카를 줄줄이 격파한 현 시점이 바로 혼혈집단에게 미래의 약속을 명확히 확인해 줄 시기라고 느꼈을 가능성이 크다. 또 혼혈집단들은 꿈이 급속도로 이루어지는 이 시점에서 종전 귀족들의 지위가 자신들과 별반 다를 것이 없으며 또 주어진 기회도 공평하다는 것을 확약 받고 싶었을 것이다.

따라서 이 서약은 칭기스칸이 그를 따르는 혼혈집단에게 제시한 최초의 미래상이라고도 할 수 있다. 그를 따르는 미천하고 잡다한 혼혈인간들은 이 서약을 통해 분명 종전의 "0"에서 미래의 "1"로 변하는 현상을 생생히 목격한 셈이었다. 그것은 환희였다. 누구도 막을 수 없는 희망의 물결이었다.

칭기스칸과 그를 따르는 잡종 인간들이 짜고 치듯 행해진 이 서약은 종전의 모든 것을 깡그리 부정하고 새 출발을 한다는 정말 무시무시한 선언이었다. 종전의 지위와 전리품 배분의 우선권을 졸지에 박탈당한 키야드 씨족의 노얀들은 전율하지 않을 수 없었다. 이제 이들은 종전의 지위와 기득권을 상실한 채 혼혈인간들과 피나는 경쟁을 하지 않으면 안 되었다. 피나는 경쟁에서의 혁혁한 성과만이 오직 그들의 지위와 부귀를 보장해줄 뿐이었다. 이들은 칭기스칸과 혼혈인간들의 눈빛에서 섬뜩한 메시지를 읽을 수 있었다.

현실을 인정하면 따라오면 살려줄 것이고 과거의 영광만을 꿈꾼 채 개혁을 방해하면 처참히 도륙될 것이라는 그런 메시지였다. 이미 힘의 균형은 깨졌다. 이들은 자신도 모르게 어느덧 충성과 배반의 한 가지를 선택하도록 강요받는 이 현실의 참담함에 비통함을 느끼지 않을 수 없었다. 키야드 씨족의 노안들은 다가올 새로운 시대의 패러다임에 고뇌했다. 그들은 자기들의 권익이 철저히 유지되었던 과거를 그리워하며 이 순간을 치욕으로 여겼다. 능력에 따라 이익이 공평히 분배되는 현실을 이들은 도저히 인정할 수 없었다.

약속의 귀중함을 잊고 치욕의 순간만을 가슴에 담았던 이들은 혼혈인간들과 어울려 사느니보다는 차라리 죽음의 길을 택하기를 원했다. 그리고 언젠가 다가올 배반의 순간을 꿈꾸며 일단 분노한 마음을 수면 밑으로 가라앉혔다. 이것은 미래의 파란을 암시하는 것이기도 했다. 그리고 그들은 이후 혼혈인간들의 예상처럼 극적인 순간에 거의 대다수가 배반의 길을 택했다.

그러나 너무나 극적인 순간에 입장을 바꾸는 바람에 칭기스칸은 1203년 카라칼지드와 어르노오, 발조나에서 피눈물을 줄줄 흘렸다. 그러나 배반을 하고도 살아남은 자가 있다. 왜냐하면 항상 가진 자들의 행동이 그렇듯 그들의 배반은 어설펐기 때문이다. 입장에 따라 배반의 강도가 달랐고 의견도 일치하지 않았다. 그래서 배반을 하고도 이유를 잘 설명해 살아남은 자가 있다. 마치 차가앙 타타르처럼….

오르시온 강물은 고요히 흐르지만, 이곳의 역사는 격동 친다.

우리는 곧 이곳을 떠나 보이르 솜으로 향했다. 그러나 우리는 이곳에서 길을 잃어 몽골 국경 근처까지 갔다가 되돌아왔다. 저번 몽골에서도 길을 잃어 중국 국경 근처까지 간 일이 있다. 밤늦게 초원을 헤매는 운명은 이 땅의 기가 원래 그래서였을까.

헐런 호수의 칭기스 오야와 쿠이텐전

오르시온 강이 발원하는 보이르 호수 주변은 칭기스칸의 신부인 버르테의 고향이다. 현재 중국령 보이르 호수는 해수욕 관광단지인 패이호은해안하영지貝爾湖銀海岸夏營地를 제외하고는 접근할 수 없다. 어젯밤 이곳에 머물려고 했지만 비도 오고 길도 잃어버려 도저히 올 수가 없었다. 왜 비가 왔을까. 오르시온 강의 다리서부터 하늘에 먹구름이 많았는데, 보르기 에르기를 거쳐 온 우리를 보고 버르테의 눈물이 가득 고였던 모양이다. 왜 그녀는 눈물을 흘렸던 것일까. 비는 새벽에야 그쳤다.

보오라 케에르에 그녀의 눈물이 날렸다.
바람산Салхит уул의 샤만이 말하기를
"꿈은 북쪽의 킬코하를 건너온다.

오르콘과 셀렝게가 만나는 탈콘 아랄에서
너의 슬픔이 멈출 것이다"고 했다.
님의 가슴에 슬픔을 남긴 여인은,
보이르호에 뜬 달빛을 그리워하며 소리 없이 울었다.

보이르 호수의 달빛

　중국령 보이르 호수의 해수욕장은 정말 은빛 해안처럼 너무나 아름
다웠다. 이곳 망루에 올라가 몽골 쪽을 바라보며 파도소리를 즐겼다. 그
리고 하루를 묵은 뒤 이곳을 떠났다. 어젯밤 버르테의 눈물처럼 비가 내
렸던 초원에서는 청둥오리가 무수히 난다. 이전 버르테는 아버지의 죽
음도 모른 채 멍리그의 손에 끌려 떠나가는 어린 칭기스칸을 보면서 무
슨 생각에 잠겼을까.

천둥을 타고 간 사람, 그대의 마음처럼 그날 밤 달도 상처를 입었다.

우리는 곧바로 신바르가우익기로 향했다. 소욜마아 교수가 이곳 역사를 잘 아는 네히트 선생Нэхит(1949년생) 및 바자르 선생Базар(1958년생) 두 분을 소개해 주었기 때문이다. 그리고 신바르가우익기에 도착해 그 두 분을 만났고 몽골이름이 네르구이Нэргүй인 네히트 선생이 우리와 동행했다. 네르구이란 몽골에 흔한 이름으로 '이름이 없다'는 뜻이다.

우리는 먼저 헤를렌강이 헐런 호수로 흘러 들어오는 곳에 갔다. 헤를렌 강의 발원지와 종착점을 모두 본다는 것이 쉬운 일은 아닐 것이다. 이 모든 것을 본 것은 영원한 하늘과 칭기스칸의 도움 때문이다. 네히트 선생은 이전 헐런 호수는 지금보다 작았다고 했다. 또 가뭄이 들 때는 헤를 렌강이 도중에 말라 이곳에 도달하지 않은 경우도 적지 않다고 했다.

네히트 선생은 이전 헐런 호수가 작았을 때 이곳에 도달한 헤를렌강은 볼강Булган과 발진Балзин이란 두 개의 강으로 나누어지는데 위부분이 볼강이고 아래 부분이 발진 강이라고 했다. 그리고 발진 강은 먼저 발진 호수로 들어갔다가 다시 흘러나와 헐런 호수로 흘러들어갔다고 하면서, 아마 그 강은 칭기스칸과 자모카가 전쟁을 벌인 달란 발조드Dalan Baljud나 발진하탄Baljin Khatun의 전설과도 연관을 가질 가능성이 있다고 말했다.

우리는 이곳을 떠나 근처에 위치한 칭기스칸이 말을 맸다는 바위 칭기스 오야를 보았다. 여행 안내판이나 책자에는 그 바위가 모두 물에 반쯤 잠긴 모습으로 나와 있는데, 지금은 호수 물이 빠져서 그런지 바위 전체가 땅 위로 나와 있었다. 그리고 1202년 가을 전 몽골고원의 세력이 두 패로 나뉘어 전쟁을 벌인 쿠이텐Küyiten으로 간주되는 산으로 향했

헐런호수 칭기스오야. 가뭄이 들어 칭기스오야가 물 밖으로 나왔다

메넨긴복드산 전경

다. 이 산은 보이르 호수와 헐런 호수의 중간지점에 위치한 메넨긴 복드 오올Мэнэнгийн Богд уул로 높이는 922m이다. 메넨긴 복드 오올이란 '메넨긴 평원의 성스러운 산'이란 뜻으로 내몽골 지도에는 보격덕오랍寶格德烏拉이라 표기되어 있다.

지금 이 산 일대는 칭기스칸의 전투 깃발인 카라 술데Khara Sülde를 모시는 거대한 유적이 조성되고 있다. 규모가 너무 엄청나 저절로 감탄사가 나올 정도이다. 산위에 오르니 거대한 오보오가 만들어져 있고 바람도 거세게 분다. 『몽골비사』에는 이 산에서 벌어졌던 전투를 다음과 같이 묘사하고 있다.

쿠이텐에서 대치한 뒤, 아래로 위로 서로 물러나며 진을 갖추고 있을 때에 나이만의 보이로크 칸과 오이라드의 코토카 베키 두 사람은 자다의 주술을 알고 있었기 때문에, 자다를 사용하여 비바람을 불렀다. 그러나 그 비바람은 그들이 원했던 적진에 휘몰아치지 않고, 그들에게 휘몰아쳤다. 그들은 앞으로 나가지 못하고 도리어 낭떠러지기로 밀려 떨어졌다. 그들은 "하늘이 우리들을 사랑하지 않는다."라고 말했다. 그리고 급속히 붕괴되었다.

위에서 나오는 자다Jada의 주술이란 자다라는 마법의 돌을 사용하여 비바람을 부르는 주술법이다. 자다는 주로 소나 말의 장기에 생기는 결석인데, 박지원의 연행록에도 나올 만큼 북방에 아주 흔하다. 나도 이 주술을 이전 협스걸 지역을 여행할 때 목격한 적이 있다. 이 주술은 중앙아시아의 오래된 전승시가인 "비바람을 부르는 남자"에도 묘사되어 있을 만큼 초원의 사람들에게는 익숙한 것이다.

> 피가 자다에 닿으면 비가 내리듯이,
> 술이 너의 붉은 입술을 적실 때
> 나의 눈물은 비처럼 흘러내린다.

쿠이텐의 하늘은 주술을 행하는 자들의 간절한 소원에도 불구하고 칭기스칸의 손을 들어주었다. 하늘은 왜 그들을 거부했을까.

역사상 종교의 광신에 물들지 않은 시대가 위대한 사상을 만들어냈다. 칭기스칸의 대몽골제국에서도 전투 시 자다제가 종종 행해졌지만 그 시행자들은 모두 돌궐인들이었다. 몽골인들은 그저 바라만 보았다. 급류는 누구도 그 방향을 예측할 수 없듯이 오직 철저한 준비를 갖춘 자만이 살아남을 뿐이다. 칭기스칸은 믿음이란 마음에 간직하는 것이라 했다. 그는 신이란 모두 하나며, 사원에 형상으로 갇혀 있지 않다고 했다. 종교학자인 M.엘리아데Eliade는 인류 역사상 종교문제가 없었던 대몽골제국을 신이 인류에게 남긴 선물이라고 했다.

만주리의 밤과 오논스키의 델리운볼닥

바람 부는 메넨긴 복드 산을 떠나 밤늦게 중국과 몽골이 국경도시인 만주리에 도착했다. 만주리는 매우 번화한 도시로 건물도 몽골식, 중국식, 러시아식이 혼합되어 있었다. 점점 커지는 도시로 야경이 너무나 아름다웠다. 새롭게 태어나는 신 중국의 위력을 하일라르나 이곳에서도 실감할 수 있었다. 우리는 이곳에서 다시 하일라르로 돌아가 그 동쪽 지역에 위치한 자모카 유적지를 며칠간 답사한 뒤 밤늦게 만주리에 도착했다.

아침에 국경관문을 통해 만주리에서 러시아로 넘어갔다. 통관절차가 한국의 휴전선만큼이나 삼엄했고 아주 복잡했다. 우리가 국경선을 넘은 이유는 두 가지였다.

첫 번째는 칭기스칸이 태어난 곳이라고 러시아 학자들이 주장하는 러시아령 오논 강의 델리운볼닥을 보고 싶었기 때문이다.

두 번째는 칭기스칸이 발조나에서 헐런 호수에 이른 뒤 다시 북상하여 오논 강을 만난 뒤 그 강을 거슬러 서진했을 것이라는 일부 학자들의 추측을 지형적으로 확인하고 싶었다. 특히 1921년 일본의 저명한 고고학자인 조거용장鳥居龍藏은 우리가 향하는 오논 강 및 델리운볼닥 일대를 답사한 바 있는데, 1924년에 발행된 그의 보고서에 "이 부근에 유명한 칭기스칸이 깃발을 올렸다는 전설이 전해지는 구릉도 있다"는 대목이 수록되어 있다. 따라서 그 지역도 직접 확인해 보고 싶었다.

우리의 러시아 여행은 러시아 부리야트(보리아드) 과학아카데미 조릭투에프 교수 내외의 도움이 절대적이었다. 올해(2011년) 65세인 조릭투에프 선생은 고대 몽골역사를 전공하는 학자로 나와는 20년 지기이다.

특히 우리가 가고자하는 러시아 연방 자바이칼스키 클라이(이전 치타주)에 위치한 오논스키 라이온은 발다르Балдар 사모님의 고향이다. 조릭투에프 교수 내외는 우리의 일정에 맞추어 울란우데에서 치타로 와서 우리와 함께 현지로 향했다.

우리는 아긴스키Агинский 지역에서 매우 융숭한 대접을 받았다. 보리아드인들의 자치주였던 아긴스키는 치타주가 자바이칼스키 클라이Забайкальский край로 바뀌면서 2008년 자치가 취소되었다. 마음이 아팠다. 이 지역의 경찰국장이 발다르 사모님의 동생인 볼드Болд였는데 이름을 일일이 거론할 수 없을 정도로 사모님의 친척들이 많았다. 사위가 왔기 때문인지 매일 연회가 벌어졌다. 다와남Давааням이란 의사 할아버지는 우리들의 맥박까지 재가며 은잔을 권했다. 이곳 지방 TV에서는 이곳을 방문한 두 명의 몽골역사학자로 조릭투에프 교수와 나를 인터뷰한 기사도 방영했다.

발다르 여사(왼쪽)와 친언니

우리는 아긴스키 박물관 학예연구사인 발진냠Балзинням의 안내로 델리운 볼닥을 방문했다. 지역민들은 델리운 볼닥이란 말 대신에 모두 홍후르Кункур라고 불렀다. 발진냠은 예전에 이 지역을 이흐 호릭Их хориг이라고 불렀다고 했지만 조릭투에프 교수는 부정적이었다. 델리운볼닥이 위치한 오논 강은 델리운 볼닥을 무려 30km 정도의 만곡으로 에워싸고 있다. 만곡을 이룬 이곳을 지역민들은 '어머니의 섬'이란 에흐 아랄Эх арал이라고 불렀다. 이곳은 몽골 국경에서 6km 남짓 떨어져 있다. 이곳에서 두룰구이Дурулгуй라는 러시아 국경검문소를 통하면 몽골국의 다시발바르 솜으로 갈 수 있다.

이 주변에는 이전 칭기스칸의 동생인 카사르의 후예들이 살았다는 올라앙 톨고이Улаан толгой(붉은 머리)라는 자그마한 언덕이 있다. 발진냠은 이곳이 카사르 후예들이 성스럽게 여기는 지역이라고 했다. 그리고 러시아인이 1950년에 이곳의 무덤을 도굴하여 얻은 고대 몽골문자가 새겨진 황금패자를 간직하고 있다가 1977년에 치타주 박물관에 기증했다고 했다.

우리는 마지막으로 조거용장이 보았다는 '용사 바위'란 뜻의 바아타르 하드Баатар хад에 이르렀다. 오논 강이 한눈에 보였고 멀리 몽골지방도 보였다. 주변의 경관이 그림처럼 아름다웠다. 이곳에서 근대 초 호리-바브지-바아타르Хорь Бабжий баатар가 만주 및 몽골군과 전투를 벌여 격퇴했다고 한다. 적군이 곳곳에 연기 불을 피워 멀리 보이는 몽골국경 부근의 소나무들을 모두 군대처럼 위장했었다고 한다. 호리-바브지-바아타르는 아긴스코예Агинское에 동상이 있다.

이 산에 오자 검은 까마귀들이 날았다. 발진냠은 이 산의 주인이 까마귀라고 했다. 산 위에는 라마탑이 있고 또 3개의 바위로 이루어진 탑 모양의 바위가 있다. 이것이 아마 바아타르 하드라는 이름이 붙은 유래인 것 같다. 발진냠은 산위에는 라마들이 제사를 지내며 산 아래에서 샤만들이 제례를 행한다고 한다. 이 산은 매우 위력이 있다고 했다.

우리는 영원한 하늘의 힘으로 칭기스칸이 태어났다고 전승되는 3곳을 모두 보았다. 특히 이곳의 오논 강은 아주 아름다웠다. 다와냠 할아버지의 부인인 체렌델렉Цэрэндэлэг도 의사였는데 매우 시원시원하고 노래와 시도 능했다. 다이어트에 실패해 지금은 뚱뚱하지만 이전에는 뭇 남성의 눈길을 받을 정도로 날씬했다고 한다. 아직도 얼굴에 미모가 남아 있는 그녀가 우리가 모든 여정을 마치고 한국을 향해 떠나는 날 우리에게 고향의 시를 읊어 주었다.

바아타르 하드(용사바위)

러시아 자바이칼주 아긴스키 호리-보리아드 지역의 노제이호수에 위치한 고니엄마사원. 지역주민들은 호수 주변의 초원을 "초원의 요람"이란 뜻의 탈린-얼기(Талын өлгий)라고 불렀다.

내가 맨 처음 세상을 만난 곳, 아긴스키!
9월 말 백조 어머니 발진하탄이 날아오는 노제이 호수는
초원이 시작되는 곳!

노제이Ножей 호수는 델리운볼닥 가는 길에 있는 비교적 크고 아름
다운 호수이다. 이 호수에도 칭기스칸의 전설이 깃 들여 있다. 호수의
주변에 흉노 고분이 아주 많이 산재해 있다. 2009년에 호수가 내려다

보이는 언덕에 발진하탄 사원을 세웠는데, 발진하탄은 한국의 바리공주와 유사한 샤만이다. 사원 내에 위치한 높고 큰 기둥 위에는 날개를 활짝 펴고 날아오는 백조가 조각되어 있다. 주민들은 발진하탄을 자신들의 시조인 백조 어머니와 동일시하고 있는 것 같았다. 그래서인지 사원 내에 발진하탄 좌상을 만들어 두고 귀에다 소원을 속삭이면서 제물을 바치곤 했다.

3장

숙명의 라이벌,
자모카의 비원이 서린 땅

자모카 구르칸 등극지

구르칸 맹약과 테니 코르칸 전투

1201년 여름 자모카는 옹기라드, 이키레스, 코롤라스, 더르벤, 알치-타타르, 카타긴, 살지오드 등 칭기스칸을 반대하는 모든 세력들을 모아 켄Ken 하가 에르군네 강으로 흘러들어가는 삼각주에서 회동했다. 이 삼각주는 오늘날 흑산두성黑山頭城 서쪽에 자리 잡고 있다. 흑산두성은 칭기스칸의 동생인 카사르가 머물렀던 성이다.

이곳에서 그는 자기만이 몽골부의 진정한 칸이라는 의미의 구르칸에 등극했다. 구르칸으로 추대된 자모카는 툴루베르Tülüber 강변의 콜란 에르기Khulan ergi로 자리를 옮겨 다음과 같은 서약을 했다.

우리의 서약을 누설하는 자는
폭풍에 강둑이 무너지듯이
저주를 받으리라!
우리의 동맹을 깨뜨리는 자는

번개에 나무 가지가 잘려나가듯
죽음을 당하리라!

그러나 장소를 옮겨가며 기습적으로 진행된 이 등극과 맹약은 이들 속에 파견된 첩자들에 의하여 헐런 호수 일대에 진치고 있는 칭기스칸에게 즉각 통보되었다. 칭기스칸은 곧바로 군대를 발동하여 구르칸 세력이 머무르고 있는 하일라르 강으로 향했다. 그리고 하일라르 강의 한 지류인 테니 코르칸Teni Khorkhan에서 구르칸의 군대를 가차 없이 격파했다.

테니 코르칸 전투의 패배로 구르칸의 세력은 뿔뿔이 흩어졌다. 일부는 칭기스칸에 투항했다. 자모카는 이후 더 이상 자력으로 칭기스칸을 당해낼 수 없었다. 자모카가 택할 수 있는 마지막 카드는 옹칸 밖에 없었다. 그리고 그 카드를 뽑는 순간 자신의 생사도 결정될 것이다. 그러

흑산두고성(카사르의 성)입구

흑산두고성(카사르의 성)안

나 카드를 쓴다고 해도 옹칸을 제치고 고원의 맹주로 등장한다는 것은 스스로도 요원해 보였다.

결국 자신은 칭기스칸과 옹칸의 대결을 부추기는 역할로 끝날 가능성이 컸다. 또 실제 이후에 그러한 역할만 주어졌다. 정말 쓸쓸한 결말이지만 아쉽게도 자모카의 야망은 이 전투를 끝으로 막을 내렸다. 그에게 불어오는 바람은 이제 좌절의 바람밖에 없었다.

자모카의 비원이 깃든 세 곳 중 오늘날 위치를 정확히 확인할 수 있는 곳은 툴루베르 강변의 콜란 에르기 하나뿐이다. '야생말의 절벽'이란 뜻을 지닌 콜란 에르기는 오늘날 표지가 세워져 있어 찾기가 쉽다. 툴루

콜란-에르기와 툴루베르하

베르 강은 오늘날의 지도에 득이포이하得爾布爾河로 표기되어 있다. 우리는 비가 부슬부슬 내리다말다 하는 저녁 무렵 콜란 에르기에 도착했다. 모기가 무척 많아 다니기가 힘들었다.

이곳에도 자모카의 등극을 기념하는 조형물이 거대하게 세워지고 있었다. 역사가 새로 만들어지고 있었다. 콜란 에르기에 다가가니 깎아지른 절벽아래 툴루베르 강이 유유히 흐르고 있었다. 바람이 분다. 이곳에서는 야망의 바람보다 비원의 바람이 분다. 우리는 그를 위해 이 지방에서 생산되는 특산주인 고납古納을 은잔에 담아 하늘에 뿌렸다.

자모카의 일생

『몽골비사』에는 자모카의 족보가 이례적으로 특기되어 있다. 또 자모카와 관계된 대목만을 추출해 자모카의 일생을 한편의 시로 나타낼 수 있을 정도로 그에 대한 기록이 풍부하다. 이는 자모카가 칭기스칸의 얼마만한 라이벌이었는가를 말없이 암시해 주고 있는 동시에 승리자인 칭기스칸이 어떤 마음을 지닌 인물이라는 것도 말해주고 있다. 칭기스칸과 숙명적이라 할 정도로 애증의 길을 걸어야 했던 자모카는 비범한 재능과 함께 끈질긴 인내까지 겸비한 초원의 풍운아였다. 그는 예수게이와 동년배이자 자다란 씨족의 족장이었던 카라카다안의 아들로 태어났다.

자모카와 칭기스칸의 첫 인연은 칭기스칸이 데이세첸 가에 데릴사위로 있었던 때에 이루어졌다. 이들은 칭기스칸이 11살 때 서로 동물의 복숭아뼈를 주고받으며 안다를 맺었다. 그리고 이듬해에도 서로 활과 화살을 주고받으며 안다의 우정을 재확인했다. 그러나 어린 시절의 이같은 우정은 예수게이가 독살당하면서 끝맺었다. 자모카의 발흥과정에 대해서 『몽골비사』는 침묵하고 있다. 그러나 각종사서에 기록된 단편적인 기록들을 종합하면 그도 칭기스칸 못지않게 매우 험난한 과정을 거쳤음이 드러난다.

그는 몽골부가 치열한 내분으로 인해 집단적인 방위능력을 상실하고 있을 때 메르키드부의 족장인 톡토아베키의 습격을 받아 포로로 잡힌 일도 있었다. 그러나 그는 이러한 역경을 극복하고 칭기스칸이 결혼할 무렵에는 거의 모든 몽골씨족들을 손아귀에 넣을 정도로 대세력을 구축하고 있었다. 그리고 칭기스칸이 메르키드부에 아내를 뺏기자 자기의 일처럼 슬퍼했다.

> 나의 테무진 안다의 침대가 비게 되었다는 것을 알고 내 마음은 아팠다.
> 가슴이 찢어졌다는 것을 알고 나의 간이 아팠다.
> 복수를 하기 위해 오도이드, 오와스 메르키드를 섬멸하고 버르테를 구해오자.
> 복수를 위해 모든 카아드 메르키드를 격파하여 버르테를 찾아 구해오자.

그리고 옹칸의 음모에 말려 공격의 총사령관을 맡았다. 그는 옹칸과 칭기스칸이 약속장소에 늦게 도착하자 매우 질책했다.

> 우리는 눈보라가 불더라도
> 약속장소엔 반드시 와야 한다.

엄청난 폭우가 내리더라도

모임에는 늦지 않는다.

우리 몽골인들은 한번 응낙하면

그것을 서약처럼 준수하는 자들이 아닌가.

약속을 지키지 않는 자들은 추방한다.

이 말에 칭기스칸도 처벌을 내려달라고 할 정도였다. 이후 칭기스칸이 한 말이 있다.

한번 좋다고 말한 뒤에는, 고통을 말할 수 없다!

약속을 철저히 준수하라는 뜻이다. 이후 둘은 정권을 다투는 숙명의 라이벌로 변했다. 그리고 하나는 야망의 바람이 되었고 다른 하나는 좌절의 바람이 되었다. 왜 그럴까. 그것은 간단하다. 하나는 시대이념을 제시했고 하나는 제시하지 못했기 때문이다. 이런 점에서 그들의 행동이나 말을 잘 살펴보면 분명한 차이점이 나타난다.

자모카가 현실을 중시하는 자라면 칭기스칸은 미래의 약속에 능한 자였다. 현재의 모순적인 상황을 유지하면서 수없이 남발한 그의 약속은 시간이 갈수록 사람들로부터 약효를 잃어 버렸다. 그가 최후에 기득세력의 대표자였던 알탄, 코차르와 손을 잡을 수밖에 없었던 것도 사람들의 마음을 잡는데 실패했기 때문이다. 믿음을 상실한 그가 초원의 무대에서 퇴출당하는 것은 시간문제였다.

그러나 그는 최후까지 칭기스칸을 칭찬하는 데 인색하지 않았다.

1204년 나이만 전 때 그는 타양칸에게 이런 말을 했다.

> 내 안다의 군대는
> 칼을 채찍처럼 쓰며
> 말을 타고 질주할 때는 바람을 타고 간다.

자모카의 칭송처럼 초원의 마지막 승리자는 믿음과 충성의 토대 위에 빛나는 미래를 만민에게 약속했던 칭기스칸이었다. 칭기스칸과 애증이 교차된 혈투를 벌였던 자모카는 1205년 가을 자기의 동지들에 의해 칭기스칸에게 잡혀왔다. 그리고 그의 유언대로 피를 흘리지 않는 교수형에 처해졌다.

자모카는 죽음의 순간 자기를 저버린 하늘을 원망하지 않고 자기의 안다 칭기스칸을 택한 몽골의 푸른 하늘을 찬양했다. 초원의 풍운아다운 깨끗한 승복이었다. 칭기스칸은 자모카의 죽음을 확인한 후에야 비로소 대몽골제국의 탄생을 선포할 만큼 그를 경원했다.

칭기스칸이 본 자모카

『몽골비사』에는 숙명의 라이벌 자모카의 일생에 대한 칭기스칸의 말이 실려 있다. 잡혀온 자모카에 죽음을 내리기에 앞서 안다의 신분으로 그의 일생을 회고한 칭기스칸의 말을 소개해 보면 다음과 같다.

지금 우리 두 사람은 다시 만나 한곳에 같이 있게 되었다.

우리들은 예전처럼 다시 친구가 되자.

너는 짝을 이루는 두 바퀴의 한 바퀴가 되어

다시는 헤어질 생각을 하지 말라.

지금 한 곳에 같이 있으면서

잊어버린 것이 있다면 서로 일깨워주고

잠들었을 경우에는 서로 깨워주자.

지금까지 다른 곳에 헤어져 있었다 해도

너는 나에게 변함없이 길상스럽고 복이 있는 나의 안다였다.

정말 내가 죽을 운명에 있던 날

너는 가슴과 심장을 아파했다.

헤어져 다른 곳에가 적과 합류하여

우리와 전투하는 날에도

너는 폐와 심장을 아파했던 것이다.

그것이 어느 때인가 라고 묻는다면

케레이드인들과 카라칼지드에서 전투를 벌일 때이다.

그때 네가 옹칸 아버지에 했던 말을 나에게도 알라고

사신을 보내 통고해 준 것이

바로 너의 공적인 것이다.

또 나이만족의 백성들을 말로 죽이고 입으로 죽여 두렵게 만든 뒤

'사실 그들을 죽인 것과 같다'라고

나에게 사신을 파견해 통고해 준 것도

바로 너의 훈공인 것이다.

...

나의 안다여!

그대가 다른 곳에 갔어도

입으로 우리들을 험담은 했어도

생명에 해를 끼치고자 하는 생각은

지금까지 들어본 적이 없다.

나의 안다는 가히 배울 점이 있는 인물이다.

나의 안다는 나에게 지금 죽여 달라고 말하지만

죽어야 할 운명이 그대의 점괘에 들어 있지 않다

이유 없이 생명에 해를 끼친다면 옳지 않다.

그대는 매우 신중한 도리를 가진 인물이다.

만약 그대가 죽어야 한다면 어떠한 이유 때문일까

일찍이 초지 다르말라, 타이차르 두 사람이 말떼를 서로 탈취해 싸우자

그것을 기화로 자모카 안다, 너는 부당하게 적대행동을 일으켜

군대를 이끌고 쳐들어 와 나와 달란 발조드에서 전투를 벌였다.

그리고 너는 나를 제레네-캅찰까지 추격해

그곳에서 나를 아주 두렵게 만들지 않았는가.

지금 친구가 되자고 말해도 너는 수긍치 않는다.

너의 생명을 아까워해도 너는 수긍치 않았다.

자모카가 남긴 말

자모카는 칭기스칸의 말을 전해들은 뒤 자신의 일생을 회고하며, 자기가 왜 안다인 칭기스칸에게 패배했는지를 분석한 실패자술서를 남겼다. 그리고 피를 흘리지 않고 죽여 달라는 유언을 했다. 왜 칭기스칸은 야망의 바람이 되었고, 자모카는 좌절의 바람이 되었는지를 보여주는 이 기록을 소개하면 다음과 같다.

옛날 어릴 때에
코르코낙-조보르에서
칸인 나의 안다와 서로 안다를 맺을 때
소화할 수 없는 음식물을 서로 먹고
잊을 수 없는 말들을 서로 서약했다.
또 이불도 서로 함께 덮고 잤다.

그러나
네가 주변 인물들에게 꼬임을 받아
방자한 자들에게 찔려져
나로부터 분리해 나갔다.
굳은 서약의 언어들을 나누어 놓고도
내 검은 얼굴이 벗겨져 버렸기 때문에
다시 안다와 친해지기가 불가능해 졌다.
나의 칸 안다의 온화한 얼굴을 보기가 불가능해져 버렸던 것이다.

잊을 수 없는 말들을 서로 서약해 놓고도

내 붉은 얼굴이 벗겨져 버렸기 때문에

나는 오랫동안 마음을 나눈

내 안다의 진실 된 얼굴을 보는 것이 불가능해져 버렸던 것이다.

지금 나의 칸 안다가 은사를 내려 나에게 다시 친구가 되자고 말했다.

그러나 나는 친구로 있을 때에도 친구가 되지 못했다.

지금 안다는 모든 씨족을 평정했다.

또 너는 외족外族도 병합했다.

칸의 자리는 너에게 향했다.

천하가 지금 완성되려고 할 때에

내가 친구로 되어 너에게 무슨 도움을 줄 것인가.

도리어 나는

그대 안다의 검은 밤의 꿈에

악몽으로 들어가는 존재가 될 것이다.

나는 대낮에

너의 마음을 괴롭히는 존재가 될 것이다.

나는 너의 옷깃에 들끓는

이 같은 존재나

너의 소매를 찌르는

가시와 같은 존재가 될 것이다.

나는 많은 위계危計를 가진 인물이다.

나는 안다를 넘고자 생각하는 오판을 가진 그릇된 인물이었다.

지금 이 생애(세상)에서 안다와 나 두 사람은

태양이 떠오르는 곳에서 [태양이] 지는 곳까지

안다와 함께 나의 이름이 퍼져 있다.

안다는 현명한 어머니를 가졌으며

또 태어날 때부터 준걸로 태어났다.

그리고 재능 있는 아우들을 가졌고

강건한 너커르들인 73마리의 전마를 가지고 있다.

그래서 내가 안다에게 패했던 것이다.

나는 부모와 어릴 때 사별해 홀로 남겨졌고 아우들도 없다.

나의 처들은 허황된 말만 좋아할 뿐이었다.

나는 믿음이 없는 너커르들만 가지고 있었다.

그것에 의해 나는 하늘의 천명을 가지고 있는 안다에게 패했다.

내가 안다에게 바라는 은사는 나를 빨리 죽여 달라는 것이다.

그러면 내 안다의 마음이 편해질 것이다.

또 내가 안다에게 바라는 은사는

나를 죽일 때 피가 나오지 않도록 죽여 달라는 것이다.

내가 죽어 쓰러지면 나의 유골을 높은 산 위에 매장해 달라.

그러면 나는 영원토록

너의 자손의 자손에 이를 때까지

가호하며 축복을 내려 주겠다.

나는 안다와 근원이 다르게 태어났다.

축복을 가지고 태어난 안다의 위력에 나는 제압되었다.

내가 말한 이 말들을 그대는 절대로 잊지 말고

아침저녁으로 떠올려 주위의 인물들에게 말하라.

지금 나를 빨리 죽여 달라!

하일라르로 돌아오며

칭기스칸은 자모카의 유언에 따라 죽음을 내렸다. 칭기스칸과 맞먹는 초원의 영웅이 놀지는 태양처럼 스러져간 모습이 『몽골비사』에 다음과 같이 묘사되어 있다.

> 지금 너의 말에 의거하여
> 피를 흘리지 않고 저 세상으로 보내주겠다!
> 피를 흘리지 않게 너를 저 세상으로 보낸 뒤
> 너의 뼈를 노천에 버리지 않고 잘 수습해 묻어 주겠다!
> 그리고 자모카를 그곳에서 저 세상으로 보낸 뒤 그의 뼈를 잘 묻어 주었다.

그는 1189년 칭기스칸과 분리한 뒤 발생한 다툼(달란 발조드 전투)에서 칭기스칸을 선택한 치노스 씨족의 노얀들과 그 자제들을 70개의 가마솥에 넣고 끓여죽일 만큼 한때 호기가 넘친 인물이었다. 『몽골비사』는 이 비극적인 사건을 기록으로 남겼다.

> 자모카는 회군할 때
> 사로잡았던 치노스 씨족의 족장 및 노얀들의 자제들을

70개의 가마솥에 집어넣어 끓여 죽였다.

그리고 이 씨족의 족장인

네우데이 차카안 고아의 머리를 잘라

말꼬리에 매달고 갔다.

그러나 이 사건을 기점으로 그는 덕이 없는 지도자로 낙인 찍혔다. 그리고 그의 인생도 꼬였다. 비록 초원의 아들로 깨끗한 승복을 남기며 세상을 떠났지만, 그의 인생이 그렇게 아름답게 보이지 않는다. 그 이유는 그가 자기중심으로만 살았기 때문일 것이다.

차는 비오는 도로를 달리고 있다. 그리고 어둠 속에 하일라르 강이 보였다. 오늘날 하일라르 강의 한 지류에 특니하特尼河가 있다. 이곳이 바로 테니 코르칸이다. 코르칸은 냇가란 뜻을 지닌 고대 몽골어이다. 우리는 한참을 달려 하일라르에 도착했다. 그리고 이곳에서 다시 20km 떨어진 소욜마아 교수의 별장으로 향했다. 그녀가 저녁식사를 초대했기 때문이다. 가는 도중 비가 그쳤다.

오론촌족자치기鄂溫克族自治旗의 널찍한 초원에 자리 잡은 별장에는 남편인 터머르 선생을 비롯해 동생 투게멜 등 여러 식구들이 미리 도착해 양을 잡고 요리를 하는 등 분주했다. 초원의 별장 하늘엔 북극성을 중심으로 좌우에 카시오페아와 북두칠성이 찬란하게 떠 있었다. 고구려 고분의 둥근 천장에 그려진 별천지들이 이곳에 전개되어 있었다.

이날 우리는 융숭한 대접을 받았다. 긴 시간의 식사가 끝난 뒤 우리는 소욜마아 교수 부부에게 그간의 도움에 대한 고마움을 표시했다. 그리고 만주리를 향해 떠났다.

3부
칭기스칸과 고려

다달솜 고르반노르 칭기스칸 탄생 800주년 기념비(1962)

1장

칭기스칸의 여인 콜란 카톤

알탄아랄(Алтан арал)의 칭기스칸과 콜란의 얼굴

칭기스칸을 찾아온 여인

『몽골비사』에는 많은 여인들의 이야기가 나온다. 원래 남녀가 평등한 양성문화의 사회라 고구려나 고려시대의 여인들처럼 한결같이 떳떳하고 자기주장이 강하다. 또 사랑도 숨기지 않고 표현한다. 그 여인들 가운데 제 발로 칭기스칸을 찾아와 한 순간에 마음을 사로잡은 여자가 있다. 그가 바로 미녀 콜란Khulan이다. 콜란은 야생란 뜻의 몽골어이다. 그녀가 칭기스칸을 찾아온 배경과 과정에 대해 『몽골비사』는 매우 장편의 기록을 남기고 있는데 핵심만 소개하면 다음과 같다.

1204년 쥐띠 해 가을, 코아스 메르키드Kho'as-Merkid 씨족의 족장인 다이르오손Dayir-Usun은 딸인 콜란을 칭기스칸에 헌상하기 위해 데려오고 있었다. 그러나 오는 도중 바아린Ba'arin 씨족의 나야아Naya'a를 만나 지금 길이 위험하니 3일 뒤에 같이 가자는 말에 따라 3일을 같이 머물렀다. 그리고 칭기스칸을 만났는데, 나야아나 콜란 모두 칭기스칸에게 의심을 받았다. 나야아에게 군법을 적용해 심문하려 할 때 콜란이 나서 이렇게 말했다.

　　　지금 나야아 이외의 다른 병사들을 만났다면
　　　혼란 속에
　　　어떠한 절망의 늪에 빠졌을지도 모릅니다.
　　　우리들이 그를 만난 것은 크나큰 행운이었습니다.
　　　지금 나야아를 심문하고 있는데
　　　칸이 은사를 내리신다면
　　　하늘의 운명으로 부모로부터 태어난
　　　나의 살결을 조사해 보도록 하십시오.

　그러자 나야아도 이렇게 말했다.

　　　칸 이외에 나의 얼굴이 향하는 곳은 없다.
　　　이보다 다른 내 마음이 있다고 한다면 나를 죽여라.

　그리고 콜란의 말에 따라 몽골 최초의 처녀성 조사가 실시되었다.
『몽골비사』는 그 결과를 다음과 같이 기록했다.

　　　그 날로 곧 조사해 보자 콜란 카톤의 말과 같았다.
　　　칭기스칸은 콜란 카톤을 칭찬하면서 아주 총애했다.
　　　모든 것은 명확히 나야아의 말들과 같았다.
　　　칭기스칸은 나야아가 "진실의 언어를 가진 인물이다"고 칭찬하면서

"큰일을 맡기고자 한다"고 했다.

『몽골비사』는 고대의 역사서들과 마찬가지로 비유와 상징이 많다. 따라서 묘한 뉘앙스를 풍기는 이 말들이 암시하고 상징하는 것을 단박에 알아채기가 힘들다. 신을 제외하고는 아무도 숨겨진 것을 알 수 없다는 고대 페르시아의 속담처럼, 우리가 이 속에 드리운 상징의 커튼을 통과할 방법은 사실 없다.

콜란 카톤의 전설

몽골인들은 칭기스칸의 시대의 여인인 콜란 카톤을 명대明代에 만들어진 또 하나의 몽골역사서인 『황금사』에서 만나게 된다. 이 책 속에는 아르가손 호오르치Argasun khuurchi의 전설이 수록되어 있는데, 그곳에 아주 장편으로 콜란 카톤을 언급하고 있다. 그리고 그녀가 솔롱고스 즉 고려의 보카차간 칸Bukha Chagan Khan의 딸이라고 기록했다. 이후 그녀는 명나라나 청나라 시대의 몽골인들에게 고려미인으로 간주되었다.

몽골의 주요 역사서인 『몽골비사』나 『집사』에는 그녀가 솔롱고스(고려) 출신의 공주가 아니라, 메르키드 부족의 다이르 오손의 딸이라는 것을 분명하게 기술하고 있다. 따라서 대다수의 연구자들은 아르가손 호오르치의 전설은 후대에 역사적 인물의 이름을 이용하여 지어낸 전설일 가능성이 높다고 간주하고 있다. 그러나 아니 땐 굴뚝에 연기 날 리 없는 것처럼 여기에도 무슨 근거가 있을 것이다.

칭기스칸을 사로잡은 그녀는 무려 5년에 걸치는 서역의 콰레즘 대원정에도 동행했다.

> 토끼 띠 해에
> 사르타올국에 아라이 고개를 넘어 출전할 때
> 칭기스칸은 여러 카톤 가운데에서
> 콜란 카톤을 데리고 출전했다.

서역원정에 동행한 그녀는 칭기스칸의 다섯 번째 아들인 컬겐Kölgen을 낳았으며, 오늘 날 내몽골의 칭기스칸릉(에젠호로오)에 버르테와 함께 모셔져 있다. 그녀의 특징은 강단이 있는 절세미인인데 이 칭호는 원대 고려 여인을 부르는 고려미인을 떠올리게 한다.

몽골의 청소년 군단

칭기스칸은 언제나 자기 앞에서 숨겨간 수많은 자들의 눈물을 기억하라고 말했다. 칭기스칸 몽골군의 복무기간은 15살부터 70살까지이다. 그들도 우리처럼 어머니 뱃속에 있는 시기도 나이로 간주하기 때문에 만 14살부터 군복무가 시작되는 셈이다. 그리고 열 살부터 실질적인 군사훈련이 시작된다. 이들이 바로 청소년군단이다. 몽골군의 원정거리나 전투기간이 워낙 길기 때문에, 몽골군은 이들을 데리고 다니다가 나이가 차면 정규군으로 편입한다.

콜란 카톤이 장기간 머물렀던 서역에 대규모의 청소년 군단이 투입된 때가 있었다. 여기서 그들과 관련된 눈물어린 사연 하나만 소개하려고 한다.

대몽골제국은 1253년 10월 훌레구Külregü를 사령관으로 하는 서정군을 발진시켰다. 이 서정군의 목표는 암살자의 교단이라는 명성을 들으며 사회질서를 교란시키고 있었던 이스마일리파의 제거와 유럽으로의 진공에 있었다. 훌레구의 서정군은 미래의 꿈만이 넘치는 초원의 청소년들로 가득 찼다. 대몽골제국이 10호마다 미래의 주인공인 청소년을 2명씩 뽑아 페르시아로 보낸 원인은 무엇이었을까.

아마도 그는 이들을 통해 세계무역의 중핵을 이루는 페르시아 지역을 몽골의 한 연방으로 확보하고 또 그 핵 속에 주변제국인 유럽까지 예속시키려 했을 가능성이 농후하다. 고향으로 돌아올 기약 없이 떠나간 이들이 바로 이후 페르시아지역에서 『집사』라는 대몽골제국의 역사를 기술한 주인공들이다.

몽골의 초원을 떠난 훌레구의 서정군은 이란의 이스마일리파를 진압한 뒤, 1258년 2월 10일 바그다드를 함락하여 압바스조(750~1258)를 멸망시켰다. 그리고 1259년 9월에는 시리아로 진군하여 다마스커스를 점령했다. 곽간郭侃이 이끄는 선발대는 소아시아반도를 넘어 유럽으로 이어지는 길목의 섬인 키프로스도 점령했다. 그리고 소아시아 및 이집트의 맘루크 조를 공격하기 위한 준비를 마쳤다.

그런데 훌레구의 서정군은 원정준비가 완료된 1260년 4월 무렵 멍케카간이 죽었다는 급보를 접하게 되었다. 그는 급히 대군을 이끌고 본토로의 귀환을 서둘렀다. 그러나 그가 아제르바이잔에 도착했을 때 코빌라이의 쿠데타에 관한 소식을 듣게 되었다. 갑자기 서정군은 졸지에 목표를 잃고 혼란에 빠졌다. 그때 이집트 공격을 위하여 팔레스타인 지방에 주둔하고 있었던 키토보카Kitu-Bukha 장군이 이끄는 1만 2천명의 기마군단이 1260년 9월 아인잘루트Ayn Jalut에서 맘루크군에 전멸 당했다는 충격적인 소식이 전해졌다. 몽골군의 불패전설이 끝나는 순간이었다.

능소화의 꿈

능소화의 꿈은 실화가 아닌 문학작품이다. 그러나 어느 정도는 구전에 바탕 한 것이기 때문에 그 당시 몽골인들의 마음을 읽기에 부족함은 없다. 세계를 정복했던 몽골인들은 당시의 유럽인들이 말한 것처럼 "지옥의 전사"이거나 "죽음에서 살아온 자"들일까. 지금부터 소개되는 문장들을 말없이 감상해 보시기 바란다.

어느 집인가 한 아낙이 가물대는 호롱의 불빛을 이마에 쓰고 옷가지를 땀땀이 기우는 모습이 보인다. 또 밤새 잠든 소년의 얼굴을 지켜보며 근심 어린 대화를 나직이 두런대던 부부의 모습도 보인다. 점차 불빛이 희미해지면서 초원엔 새벽의 여명이 동터온다. 그 속에 한 소년이 밤새 잠 못 이루고 혼령처럼 앉아 지샜던 노인과 손을 잡고 있다. 이웃집에서 한 소녀를 데리고 온 부모도 소년을 말없이 끌어안았다. 그리고 이들의 배웅을 받으며 그 소년은 머나먼 서역으로 떠나갔다.

아, 아인잘루트! 어린 병사의 꿈과 사연을 간직한 비운의 땅!

깊은 밤 소녀는 떠나간 그 어린 병사를 그리며 서방의 하늘의 바라보고 있다. 한 밤의 이슬을 머금고 풀잎에 맺혀 있는 물방울은 마치 소녀의 가슴에 응어리진 사무치는 그리움의 눈물처럼 빛나고 있다. 그리움에 싸여 불러보는 이름! 그러나 불러 봐도 대답 없는 목소리만 바람결에 들려온다! 한 밤의 회색구름 속에 서 있는 소녀, 그녀의 마음에 붉게 피어오르는 사랑의 그리움은 머나면 서역에 가 있는 소년의 마음 곁에 머물고 있다.

단 한번의 입맞춤으로 잊어야 하는 비운의 사랑!

소녀는 자라나 처녀로 되었다. 어릴 적 단 한 번의 입맞춤! 그것이 소년이 남긴 최초이자 마지막 사랑이었다. 그대는 아는가. 입맞춤에 담긴 비밀을!

입맞춤이란 애절하게 젖어오는 사랑의 입구
그러나 가장 먼저 사랑의 썰물을 알리는
예민하고 슬픈 출구이기도 한 것을 누가 알랴!

마음이 떠나가면 사랑의 키스도 어느새 싸늘하게 식어 슬픈 아픔을 지니고 떠나간다. 그러나 그 처녀에게 이 순간은 영원히 오지 않았다. 불타는 사랑의 마음만이 남아 있었다. 초원의 저 멀리서 아른거리는 호롱불의 빛은 어릴 적 기억들을 가물거리며 살아나게 한다. 사랑하는 연인의 깊은 눈이야말로 아름다운 시이다. 연인들은 눈을 통해 대화한다.

연인들의 눈은 못 잊을 사랑의 추억이 아지랑이처럼 떠오르게 만든다.

　어젯밤 초원에 비가 많이 내렸다. 한 밤의 격렬한 비와 함께 신앙과도 같은 사랑은 끝맺었다. 아인잘루트에서 날아온 소식은 모든 사랑을 눈물로 끝맺게 했다. 마음을 적시는 아름다운 선율의 노래는 사라지고 슬픈 목소리의 구슬픈 노래만이 이곳의 하늘을 지배했다.

　비운의 끝맺음과 화려하게 피어난 사랑!

　임은 죽었다. 그녀는 처절하게 외쳤다.

　들꽃처럼 살고 싶어!
　산에 핀 꽃처럼 살고 싶어!
　그가 돌아오는 길에 항상 서서 그를 기다리고 싶어!
　사랑하는 임을 데리고 지상에서 천상으로 가는 꽃이 되고 싶어!

　그리고 한스러운 운명을 한탄하듯 목 놓아 울다가 그 처녀는 벼랑에서 몸을 날려 죽었다. 그 자리에 뱀의 모습과 천상의 목소리를 지닌 꽃이 피어나 벼랑을 타고 오르기 시작했다. 사람들은 이 꽃을 "님이 오는 발자국 소리를 들으려고 꽃잎을 넓게 벌린 슬픈 처녀의 꽃"이라는 이름의 능소화라 지어 주었다.

　한 줄기의 번개가 일던 날
　목숨을 사르듯 벼랑을 타고 오르며 피어있는 불꽃의 넋 같은 꽃

가슴을 물고 철철 피 흘리는 불타는 사랑을 노래하던 여인
피나게 기어가 그렇게 스러질 너의 운명 앞에 눈감으리라.

한번 피어나면 격렬한 바람이 부는 날에도
핏빛과 같은 그리움을 부르며 처절하게 눈물짓는 여인
지상에서 천상으로 가기 위해
오지 않는 임을 기다리며
더 뻗을 수 없는 절벽 꼭대기 허공에서
마지막 그리움을 부르며 처절하게 울부짖는 여인

그대가 살던 때는
세상과의 처연한 불화를 나타내는 붉은 구름만이
초원을 감쌌고
수많은 청년들이 애끓는 사연을 지닌 채
놀지는 저녁의 붉은 구름처럼 핏빛에 물들어
그렇게 어둠 속으로 잠겨 갔다.

붉은 사랑의 빛을 지닌 한스러운 여인이여!
이제 사랑을 잊으라!
오지 않는 임을 잊으라!
고향의 땅을 밟지 못한 애절한 사랑을 위해
초원 여인의 숨결과 같은 대지에
못 견디게 서러운 몸짓을 하며

그 붉은 꽃잎을 훨훨 떨어져 내리라!
북방 여인의 마음과 같은 풀밭의 바다에
그 붉은 꽃잎을 부르르 떨구어 바람 속에 흩날려 가라!

아인잘루트는 모세가 이스라엘 백성을 향해 십계명이 새겨진 돌 판을 내던진 곳이다. 이곳을 방문하는 사람들은 이곳이 대몽골제국의 꿈도 무너져 내린 비운의 땅이라는 것을 바라보기 바란다.

2장

고려 여인의 몽골행

동몽골 초원의 무지개

세계를 제패한 고려 여인들

고려의 여인이 칭기스칸의 야망과 피를 잇다

인류사를 남과 여의 양성문화라는 관점에서 바라볼 경우 이동사회나 정착사회를 막론하고 모두 공통적 흐름이 있음을 발견할 수 있다. 그것이 바로 남성들의 여성 죽이기이다. 그러나 역사의 흐름을 바라볼 때 북방사회는 청동기 시대이래 대몽골제국에 이르기까지 남녀 간의 평등 관념이 비교적 확고하게 자리 잡고 있었다. 역사는 양성문화의 존재를 부정하는 사회일수록 폐쇄적이고 스스로 자멸하는 경향이 강하다는 것을 수많은 사례로 입증해주고 있다.

고려사회 역시 양성문화의 사회가 빛을 발했던 열린사회에 속했다. 따라서 그 시대의 여인들의 활동상도 확실히 색달랐다. 고려와 몽골(원)은 형제의 나라나 사돈의 나라라는 말이 입증하듯이 서로 간에 혼인이 매우 활발했다. 고려 여인들의 몽골출가는 대몽골제국 시기의 진국부인晉國夫人 김장희金長姬를 비롯해 대원제국이 붕괴되는 마지막 순간까지 이어졌다.

몽골(원)에서의 고려 여인의 인기는 "이 몸이 고려여자가 아닌 것이 한스럽다"처럼 당시 고려 여인이 아닌 것을 한탄하는 노래가 있을 정도로 높았다. 그러면 고려시대 여인들의 몽골행 중 황후의 지위에 올라 칭기스칸의 야망을 계승한 두 여인의 사례를 소개해 보도록 하겠다.

칭기스칸의 야망을 이은 여인, 다르마시리 카톤

다르마시리 카톤은 고려시대의 명문가인 김심金深의 딸이다. 그녀가 몽골에 간 때는 15세를 전후한 1307년 무렵이다. 어린 그녀가 어떻게 무종武宗 카이산Khaisan의 마음을 사로잡았는지 아무도 모른다. 그런데 무종이 죽은 뒤 다르마시리는 인종仁宗 아요르바리바드Ayur-Baribad의 편비로 나타나고 있다. 그리고 인종이 죽은 뒤 태정제泰定帝 예순테무르Yesün-Temür의 황후로 등장하고 있다.

태정제는 1323년 8월 5일 쿠데타를 일으켜 인종의 아들인 영종을 살해하고 몽골 초원인 헤를렌 강변에서 대칸에 즉위한 인물이다. 초원의 냄새가 물씬 풍기는 이 인물의 황후가 바로 다르마시리 카톤이다.

대원제국의 역사에서 무종 카이산, 인종 아요르바리바드, 태정제 예순테무르, 문종文宗 톡테무르Tug-Temür는 서로 혈통이나 군사적 방면에서 서로 복잡한 관계로 얽힌 채 대권을 주고받거나 약속위반을 이유로 내전도 불사하고 있다. 따라서 다르마시리가 무종과 인종의 편비를 거쳐 태정제의 황후로 등극하는 과정은 그 속에 어떤 숨겨진 비밀이 있지 않으면 안 된다.

다르마시리의 황후 임명은 태정제의 병이 위독해진 1328년 4월에 이루어졌는데 당시 군권을 장악하고 있었던 인물이 무종 카이산파의 대표적인 인물인 엘-테무르El-Temür이다. 아마 그녀의 황후 책봉은 그녀를 둘러싼 인물들의 배경에서 찾는 편이 진상에 가까울지도 모른다.

다르마시리 카톤은 그를 둘러싼 남자들을 분석해 볼 때 초원의 냄새가 물씬 풍기는 여인이다. 아마 이러한 그녀의 매력이 이후 무종의 아들인 문종을 옹립했던 초원의 무장 엘-테무르에게 영향을 미쳐 그가 1331년 고려 여인 보얀테니Buyanteni, 不顔帖你를 애첩으로 삼게 된 숨겨진 이유가 아닐까. 하여튼 무종, 인종, 태정제의 여인인 황후 다르마시리 카톤에 대한 기록은 그녀의 웅장한 여정과 함께 우리들이 밝혀내야 할 임무가 있는지도 모른다.

칭기스칸의 피를 이어준 여인, 기황후 엘제이투 코톡토 카톤

대원제국 역사에서 태정제의 황후 다르마시리 카톤 못지않은 여인이 바로 순제의 황후인 엘제이투 코톡토 카톤Öljeitü Khutugtu Khatun이다. 순제는 어린 시절 칸위계승전의 여파로 1330년 7월 고려의 서해안인 대청도에 유배된 적이 있었다. 그리고 1년 5개월을 그곳에서 보냈다. 그러나 이 시절에 기황후를 만날 가능성은 적어도 없어 보인다.

몽골에 간 고려 여인 중 비빈이나 황후의 반열에 오른 여인 가운데 기황후의 집안이 가장 미약했다. 따라서 그녀의 출세는 그녀의 능력에 좌우되지 않을 수 없었다. 기황후와 순제의 만남은 대원제국에서 이루어졌다. 기황후는 "맛있는 음식이 생기면 먼저 칭기스칸을 모신 태묘太廟에 바친 후에야 자신이 먹었다"고 기록될 정도로 정치적 감각이 넘치는 센스 있는 여자였다. 순제는 처음부터 재주 있고 어여쁜 고려 여인 기황후를 편애했다. 그러나 그럴수록 황후는 약이 올라 채찍으로 그녀를 매질할 정도로 질투가 심했다.

기황후는 그의 뛰어난 미모와 학식처럼 정말 놀라운 능력의 소유자였다. 그는 순제를 교묘하게 조종했다. 그리고 황후를 비롯한 그의 반대파들을 모조리 황제역모사건에 연루시켜 제거해 버렸다. 그리고 자신을 추종하는 고려 출신 환관들은 물론 몽골 출신 고위관리들도 가담케 해 "자정원당資政院黨"이라 불릴 정도의 강력한 정치세력을 형성했다. 이를 바탕으로 기황후는 1353년 14세의 아들 아요르시리다라Ayur-Siridara를 황태자로 책봉하는데 성공했다.

사실 그녀는 주위에 고려출신의 미녀군단을 끼고 앉아 자기에게 반대하는 대신들을 섹스 스캔들로 얽어맬 정도로 매우 권력을 사랑한 여인이었다. 그러나 그녀는 인색한 인물은 결코 아니었다. 그녀는 힘없는 백성들의 고초를 누구보다도 잘 알고 있었다. 그녀는 1358년 대도에 큰 기근이 들자 관청에 명해 죽을 쑤어 나누어 주도록 했고, 자정원에서 금은 포백·곡식 등을 내어 십여 만 명에 달하는 아사자의 장례를 치러주었다.

그러나 그 때 불어온 대원제국의 경제적 파탄은 역사의 바람과 함께 대원제국을 집어삼키기 시작했다. 그리고 순제와 함께 고려가 아닌 몽골고원으로 물러가 바람 속에 묻혀 졌다. 그러나 몽골인들은 이 여인을 잊지 않는다. 그 여인은 바로 칭기스칸의 적계를 이은 황제 아요르시리 다라(북원 제1대 대칸)를 낳은 위대한 어머니이기 때문이다.

코빌라이카간의 고려 여인 이궁인李宮人

고려시대의 역사에서 가장 미스터리한 부분이 많은 시대가 몽골(원) 제국 시대이다. 그리고 그 시대의 여인들도 미스터리하게 모습을 감추고 있다. 우리가 오늘날 고려시대를 어떻게 생각하고 있을지 몰라도 인기리에 방영되었던 TV 드라마 천추태후와 같은 여인들이 시대의 꿈과 야망을 장악하고 있었다. 그만큼 고려는 역동적이었다. 그 역동적인 힘이 양성문화와 민족자주의 이념을 지닌 고려의 시대이념에서 나왔다는 것은 말할 필요도 없다. 세계를 제패한 몽골(원)제국 시대에는 그 역동성이 고려만이 아닌 세계로 꽃핀 시기이다. 그것을 보여주는 예의 하나가 바로 코빌라이카간의 여인 이궁인이다.

비파를 안은 고려미인이 대칸의 마음을 사로잡다

코빌라이카간은 고려를 사돈의 나라라고 불렀다. 그리고 자기의 가장 사랑하는 딸인 코톨록 카이미시 베키Khutulug Khayimish Beki(1259~1297)을 충렬왕에게 시집보냈다. 또 자신도 뛰어난 미모와 애절한 노랫가락, 비파솜씨로 유명한 고려 여인 이궁인을 사랑했다. 코빌라이카간은 고려사절들이 올 때마다 생선국을 하사했다. 고려인들이 생선국을 좋아한다는 것을 알고 있기 때문이었다. 아마 역사상 세계의 통치자 중 한국을 가장 잘 이해했던 황제가 바로 코빌라이카간일 것이다.

코빌라이카간이 고려 여인을 사랑했다는 구전설화는 이전부터 존재해 왔다. 그러나 그 정확한 사실에 대해서는 별로 연구되거나 밝혀진 것이 없다. 과연 코빌라이카간은 어떤 고려 여인을 사랑한 것일까. 양염부楊廉夫의 원궁사元宮詞에 다음과 같은 시가 있다.

> 북쪽으로 화림和林에 행차하니 오르도輕殿도 넓을시고
> 고려 출신의 시녀가 첩여婕妤로 시중드네.
> 대칸이 스스로 명비곡을 부르실 때,
> 임(대칸)께서 주신 비파를 말 위에서 타는구나.

이 시를 읊은 양염부의 본명은 양유정楊維楨이다. 또 시 중에 등장하는 화림은 카라코롬을 말하지만 실제는 상도上都를 가리키고 있다. 첩여는 여관女官의 명칭이다. 명비곡明妃曲은 한나라 때 흉노로 시집간 왕소군王昭君을 읊은 노래이다. 위의 시에 등장하는 고려출신의 궁녀가 그 유명한 코빌라이카간의 여인 이궁인이다.

아름다운 고려 여인의 노래가 온 초원을 슬픔으로 물들이다

그의 비파솜씨는 옛적의 왕소군에 비견된다는 평판처럼 당대의 최고였다. 이 위에 뛰어난 미모와 애절한 노랫가락으로 대칸을 비롯한 모든 자들의 마음을 휘어잡았다. 고려 사정에 정통한 원대의 대문호인 게혜사揭傒斯(1274~1344)는 자신의 문집인 『추의집秋宜集』에서 양염부가 묘사한 고려 여인의 이름과 사적을 간략히 언급한 뒤 그녀의 파란만장한 일생을 장엄하고도 슬픈 시로 나타냈다.

계혜사는 "호현鄗縣의 항주부尤主簿가 말하기를 이궁인李宮人이란 여인이 있는데 비파에 능하다. 지원至元 19년(1282)에 양가자제良家子弟로 궁에 들어와 총애를 얻었는데 옛적의 왕소군에 비견된다."로 시작되는 글을 남김으로서 이궁인을 영원히 살아 있는 여인으로 만들었다. 계혜사가 그녀의 일생을 읊은 시 즉 이궁인비파인李宮人琵琶引을 소개하면 다음과 같다.

청총은 아득히 봄바람에 싸여있네.
그러나 해마다 봄바람은 불어도
왕소군은 일어날 줄 모르네.
말위에 전하는 비파소리는,
예나 지금이나 오직 왕소군과 이씨뿐이네.
이씨는 옛적 코빌라이카간의 지원 연간에,
어릴 때 집을 떠나 궁에 들어왔네.
세조황제가 그를 한번 보고 기예가 출중하다 칭했네.
춤과 노래가 마치 홀연히 허공에 있는 듯 하였네.
군왕이 어찌 미인을 아끼지 않았겠는가.
이로부터 많은 여인들은 비파를 타도
결코 사랑을 얻을 수 없었네.
코빌라이카간이 옥배玉杯를 들면 잠시 음악이 멈춰지니,
그녀의 한 곡이 천금의 가치에 해당하네.

광한전의 달은 휘황히 흐르고,

태액지太液池에 봄꽃이 피어날 때,

옛곡의 반은 악보에 남아있어 가히 해독할 수 있지만,

그녀가 부르는 새로운 소리는 변화무상할 정도로 신묘하며,

그 소리는 모두 서로 어울리네.

36년을 하루와 같이,

오랫동안 군왕의 기쁜 얼굴빛을 하사 받았네.

아름다운 모습이 점점 변해 병이 끝없이 이어지니,

홀로 비파를 끌어안고 허공에 탄식하네.

흥성 궁중興聖宮中의 자애로운 마음이 매우 깊어,

승은을 얻어 드디어 고향으로 돌아갈 수 있었네.

때때로 궁중에서 부름을 받아,

억지로 비파를 타 음을 올리도록 명 받았네.

그러나 연주를 할 때

비파의 가락이 점점 끊어지며(매끄럽게 이어지고 못하고 드문드문 멈추어져),

부모를 생각하면서 우두커니 서있네.

돌이켜보면

그 옛적 코빌라이카간의 은총이

침상에 가득히 넘쳐흘렀는데,

아! 어지러운 봄바람에

꽃들은 떨어져 솜처럼 흩날리네.

계혜사의 시가 나온 이후 후대의 시인들도 경쟁하듯 시를 남기고 있

는데 그 대표적인 것이 왕사희王士熙의 이궁인비파인李宮人琵琶引, 원각袁桷의 이궁인비파행李宮人琵琶行이다. 그러나 비파에 관련된 고려시대나 조선시대 선비들의 시에는 왕소군만 있을 뿐 이궁인은 보이지 않는다. 왜 그랬을까.

몽골 초원에서 김장희를 그리며

오늘날의 우리들에게 주어진 과제의 하나가 역사의 재발견일 것이다. 우리들은 아직도 고려 때 대원제국으로 간 고려 여인들에 대해서 잘 모른다. 나는 예전에 크로스포인트 손혜원 대표와 함께 몽골을 여행한 적이 있다. 손혜원 대표는 소주 '참이슬'과 '처음처럼'의 이름을 만든 자타가 공인하는 국내 최고의 브랜드 디자이너이다. 어느 비오는 날, 초원의 휴양지 식당에서 술 한 잔을 하면서 내가 읊은 시가 있다.

바람 부는 벨테스 강변에 서면
나도 모르는
그 옛날의 신비한 추억이 어려 온다.
너무나 아름다워
한 송이 꽃으로 피어난 여인 홍고르졸!
그대의 눈빛을 닮은 강이 있었지.
토올 강에 여울져 흐르는 달빛은
그대의 눈빛이었고…

13세기 몽골여인복식. 몽골로 출가한 고려 여인들도 이러한 옷을 입었다.

여기에 나오는 벨테스Бэлтэс는 몽골 서부지역에 있는 강으로 달밤에 빛을 받아 반짝이는 강을 보면 꼭 보석의 강을 연상시킬 만큼 아름답다. 홍고르졸Хонгорзул은 매우 아름다운 보랏빛 야생화로 몽골 여자들의 이름에도 자주 보인다. 홍고르졸이 만발한 보랏빛 초원을 보면 마치 환상의 세계에 들어와 있는 것 같다. 토올 강은 올라안바아타르를 흐르는 강이다.

그때 손대표가 나를 바라보며 몽골에 무슨 사연이 있는지 물어보려다 내가 난처해 할 까봐 그만두었다. 내가 읊은 그 여인이 바로 고려미인 김장희이다. 돌궐인에게 시집간 그녀는 코빌라이카간 시대의 장군인 엘치Elchi, 燕晋의 어머니로 아들의 공적비에 "고려미인, 이름은 장희, 성은 김씨_{高麗美人, 名長姬, 姓金氏}"라고 새겨져 있다. 무슨 사연으로 그 여인은 몽골초원을 누빈 것일까. 몽골초원에 오면 항상 그 여인이 눈에 선하게 또 가슴 아프게 떠오른다.

3장

고려 남자의 몽골행

알타이산맥의 성산 멍흐하이르항

국경이 개방된 팍스 몽골리카 시대의
고려 남자들

　국경이 없었던 유라시아의 통합제국 대몽골의 시대는 여행자들의 천국이었다. 이들은 몽골이 구축한 유라시아 및 바닷길의 순환로를 따라 수많은 곳을 여행하며 그곳을 기록으로 남겼다. 대몽골의 시대를 증언하는 대표적인 여행기로는 마르코폴로(1254~1324)의 『동방견문록』과 모로코 출신 이븐바투타가 남긴 『이븐바투타 여행기』이다. 이 두 여행기에는 아라비안나이트 못지않은 흥미진진한 내용들이 담겨 있다. 그러나 그들 역시 몽골의 세기를 장식한 수많은 이름 모를 여행자들의 극히 일부에 불과하다.

　한국의 선조들 역시 여행을 무척 즐겼던 사람들이다. 삼국시대에 미지의 세계를 찾아 동해를 떠난 신라의 젊은이나 부처의 길을 따라 동남아나 인도, 중앙아시아를 맴돈 구도여행객(여행하는 부처님들)들은 말할 필요도 없고 세계적인 파란이 시작된 대몽골제국의 시대에 사신이나 유랑객으로 몽골고원을 밟은 인물들도 적지 않다. 서양에 고려라는 나라의 존재가 처음 알려진 것도 카르피니John of Plano Carpini(1182~1252)가 1246년 7월 카라코롬에서 만난 고려 왕족 영녕공永寧公 준緯과 그 일행들 때문이었다.

참고로 일본인이 역사상 최초로 카라코롬 일대에 도달한 것은 1908년 가을이다. 이곳에 온 인물은 20세를 갓 넘은 야촌영삼랑野村榮三郎과 18세인 귤서초橘瑞超 두 사람으로 이들은 모두 대곡광서大谷光瑞의 중앙아시아 제2차 탐험대에 속한 자들이다. 이들은 1908년 6월 북경을 출발하여 올라안바아타르를 거쳐 카라코롬, 오르홍 강의 돌궐비문 등 유적을 방문한 뒤 그곳에서 서남으로 나가 알타이산맥을 넘어 신강에 들어갔다. 즉 한국과 일본의 몽골고원 여행은 시간적으로 762년의 차이가 있는 셈이다.

우리나라 사람들이 상하를 가리지 않고 마음껏 여행의 자유를 누린 시대는 원나라와 일가처럼 행동했던 고려시대였다. 사실 우리나라의 역사에서 가장 개방적이자 세계를 인식하며 교류를 행했던 때가 고려였다. 몽골과 고려와의 관계를 다각도로 살펴보기 위해서는 고려시대에 몽골로 간 사람들 및 그 사적을 살펴볼 필요가 있다. 그러면 우리가 지금까지 몰랐던 새로운 형태의 문화교류가 보일지도 모른다. 현재 남아 있는 문헌이나 비문 등을 보면 고려시대에 몽골로 간 사람들은 두꺼운 분량의 인명사전으로 편집될 만큼 정말 방대한 숫자에 이른다. 이 가운데에서 비교적 장거리 여행을 한 고려의 남자 중 대표적인 인물 몇 명을 소개해 보고자 한다.

고려의 마르코폴로 이제현

만리 여행을 하지 않고 만권의 책을 읽지 않는 자는 나를 논하지 말라!

고려의 마르코폴로라는 불리는 인물이 이제현李齊賢(1287~1367)이다. 그는 1314년 충선왕의 부름을 받아 원나라로 건너갔다. 그리고 충선왕의 막료로 3번에 걸친 장거리 여행을 하였다. 그 첫 번째 여행은 1316년의 아미산峨眉山 여행이며 두 번째 여행은 1319년의 절강浙江 보타사寶陀寺 여행이고 세 번째 여행은 1323년의 감숙성 여행이다. 그의 여행기는 『익재난고』에 수록되어 있는데 만권의 책을 읽고 만 리를 여행한 사람만이 자기의 여행시집을 읽을 수 있다는 자부심으로 가득 차 있다.

그러나 그 자부심과는 달리 남편을 기다리며 독수공방을 지냈던 부인 권씨는 자신의 묘지명에 "15세 때 배필을 골라 이씨 집안에 시집을 갔다. 이공은 연우延祐(1314~1320)초 대위왕大尉王(충선왕)을 따라 원나라 수도에 머물렀다. 오가느라 집에 머물지 않은지 10여 년이나 되었다."고 원망어린 한탄을 토로하고 있다.

만리를 여행한 자가 시대의 흐름에 눈감다

고려의 마르코폴로 이제현은 자기가 여행한 곳들을 시로 남겼다. 그가 남긴 시는 만권의 책을 읽어야만 시 곳곳에 숨어 있는 문구의 출처를 알아낼 수 있다고 평가될 정도로 중원의 지적 유산이 숨어 있다. 그런데 그의 시를 몽골의 관점에서 바라보면 무엇이 보일까. 아쉽지만 몽골의 시대에 써진 그의 시에 주인공인 몽골의 모습이 전혀 보이지 않는다는 것밖에 없다.

그가 몽골의 세기를 맞아 가장 유리한 지위에 있으면서 시대에 눈 감고 과거만을 읊게 된 원인은 알 수 없다. 그러나 역사적으로 전해지는 위대한 시들은 모두 그 시대의 꿈과 아픔을 노래한 것들이지 이웃나라의 지나간 영화를 그리워한 것들은 없다. 중원의 시시콜콜한 고사까지 죄다 인용한 그의 시집은 어느 면에서 중원문화의 고수가 쓴 중원의 역사고사 모음집과도 같다. 이로 인해 그의 시집은 이후 고려나 조선보다 중원에서 더 선호되었다.

사실 고려시대 이제현의 예처럼 만권의 책을 읽고 만리를 여행한 사람만이 읽을 수 있다는 시집이나 여행기는 지식의 향연장으로서 그럴싸해 보일지는 몰라도 그것을 접하는 일반인들에게 피로만 가중시킬 뿐이다. 또 편중된 지식은 막다른 곳에서 한계에 부딪치기 마련이다.

우리는 이제현의 세계여행을 베네치아의 마르코폴로의 세계여행인 『동방견문록』과 비교해 볼 때 매우 침통함에 잠긴다. 동시대를 살았던 마르코폴로는 대몽골의 꿈을 발견하여 유럽 전체를 새로운 이념의 충격으로 몰아갔지만 이제현은 역설이라고 해도 좋을 정도로 열린사회에서 중원의 빛바랜 옛 이념(성리학)을 발견하여 그것을 시대개혁의 특효이념으로 고려에 수입해 들여왔다.

이곡, 이색, 정몽주, 정도전으로 줄줄이 이어지는 그의 유학집단 계보는 고려에서 유교와 불교의 세계대전을 일으켜 승리를 쟁취하고 또 조선건국의 주체세력으로 등장하여 이 나라를 주자학의 세계라는 검고 검은 카오스의 세계로 안내했다. 고려를 대표하는 지식인이 팍스 몽골리카 대신 중원의 유학을 시대개혁의 이념으로 발견했다는 것은 정말 믿겨지지 않는 하나의 역설에 가깝다.

박지원의 눈에 비친 이제현

조선시대의 정예 주자학자인 박지원은 『열하일기』에서 다음과 같이 이제현을 평하고 있다.

> 우리나라 시인들이 중국의 고사를 쓸 때 멋대로 차용하기는 했으나, 정말 눈으로 보고 발로 밟아서 체험한 이는 오직 익재 한 사람뿐이다. 내 이제 한 번 고북구古北口를 나오자 스스로 옛사람보다 낫다고 생각되었으나, 다만 익재에 비한다면 참으로 모자라는 것이 많음을 깨달았다. … 당시의 종신 이제현의 무리는 비록 문학과 재망才望으로 우리나라 거벽이라 일컬어졌다. 그러나 염복閻復·요수姚燧·조맹부趙孟頫·우집虞集의 틈에 끼었다면 응당 하백河伯이 바다를 본 것처럼 부끄러워했을 것이다.

조선시대에 최초로 열하熱河를 방문했던 박지원이 고려 시대의 인물인 이제현을 주목한 원인은 무엇이었을까. 아마 이제현의 여정이나 시에 대한 존경스런 기록을 남기게 된 원인은 그가 열하여행을 통해 형성된 심적 공감대 때문이라고 보여 진다. 그러나 그를 포함한 고려의 전반적인 학문 수준에 대해서는 뜻밖에도 혹평을 남기고 있다. 역사는 이렇게 원하지 않는 역류를 부를 때가 많다.

눈 덮인 알타이산맥을 바라본
최초의 고려관리 김태현

이제현 이외에 고려의 마르코폴로라고 불려도 좋은 사람은 몇 명 더 있다. 그 중 하나가 김태현金台鉉(1261~1330)이다. 고려 문신인 그는 1301년 충렬왕의 명을 받들어 성종 테무르의 생일축하사절로 상도上都에 파견되었다. 그리고 그 자신을 포함하여 누구도 예측하지 못했던 몽골고원 횡단여행이 시작되었다. 그 전모는 그가 죽은 뒤 세워진 묘지명에 다음과 같이 기록되어 있다.

신축년(충렬왕 27, 1301)에 왕명을 받들어 천수성절天壽聖節을 축하하는 사신으로 상도로 들어가게 되었다. 마침 성종이 삭방유수朔方留守로 친행親行 중에 있었으므로, 성省에서 각국 사신들에게 군사에 관한 긴급한 일을 제외하고는 모두 다 (상도에) 머물러 있으라고 조칙을 내렸다. 공이 성에 나가 "우리나라가 귀국을 섬긴 이래 해마다 보내는 축하사절을 일찍이 빠뜨린 일이 없는데, 이제 여기에 머물러서 나아가지 못하게 하니 참으로 매우 황공한 일입니다"라고 하니, 드디어 상도를 떠나 북으로 가기를 허락받았다. 11개의 잠치Jamchi를 지나 행재소行在所에 도달하여 성절聖節을 맞이하였다. 조복朝服을 갖추어 하례를 올렸는데 의식이 궁궐의 연회에서 행하는 것과 같으니, (황제가) 멀리서 왔다고 하여 특별히 어식御食을 내려주면서 총애하였다. 당시 황제가 친히 적을 정벌하여 물리쳤는데, 공이 먼저 황제의 기쁜 소식을 가지고 돌아오니 이르는 곳마다 모두 경하하였다.

알타이산맥 사이에 펼쳐진 남북통과루트(델루운 솜 주변)

당시 성종成宗 테무르Temür는 서북제왕西北諸王의 반란종식에 전력을 기울이고 있었다. 1301년 가을 테무르 카간의 군대는 어거데이 및 차카타이 계열의 종왕宗王 40여명이 참가한 카이도Khaidu의 군대와 알타이산 부근의 델레구Delegü'ü, 鐵堅古 산에서 격전을 벌여 대승을 거두었다. 당시의 전장은 오늘날 아르항가이의 타미르Тамир 강 부근부터 바얀얼기 아이막 델루운Дэлүүн 솜 델루운Дэлүүн 산 일대까지 이어져 있다.

오페라 투란도트Turandot의 무대가 바로 이곳이다. 투란도트는 서양의 음악가인 푸치니가 절세미인인 카이도의 딸 아이-자루크Ai-Jaruc에게 바친 음악이다. 아이-자루크는 돌궐어로 "달빛"이란 뜻이다. 그녀의 몽골이름은 코톨론Khutulun이며, 마음이 착해 '흰색'이라는 뜻의 '차강Chagan'이라는 별명도 가지고 있다. 씨름으로 온 천하를 제패했던 그녀는 자신이 참가하지 않았던 이 전투에서 아버지가 죽자 눈물을 흘렸다.

아이-자루크의 마음속에 흐르는 슬픔,
그녀의 보이지 않는 눈물이 비가 되어 내린다.

동족상잔적인 델레구 산의 전투는 카이산(후의 무종)이 "이렇게 격렬한 전쟁은 일찍이 없었다."고 스스로 한탄할 만큼 처절했다. 즉 중부 및 서부 몽골고원이 온통 핏빛으로 불타오르고 있었다. 고려 사신 김태현 일행은 핏빛 전장의 한 가운데에 있는 성종을 친견하기 위하여 상도에서 헤를렌 강, 카라코롬 및 알타이로 이어지는 테르겐-잠치Tergen Jamchi 루트를 따라 여행했다.

몽골의 중심부를 남북으로 횡단하고 또 서진하여 카라코롬을 거쳐 서북쪽의 알타이까지 여행한 김태현 일행은 도중에 무수한 군대와 만났을 것이다. 사방에 죽음의 그림자만이 드리워져 있는 그의 여행길은 용감무쌍한 고려인이 아니라면 택할 수 없는 그야말로 생사가 걸린 공포의 여정일지도 모른다. 그러나 그의 여정은 묘지명에 적힌 것 이상 알수가 없다.

묘지명으로 추정하건데 1275년 감시監試에 수석으로 합격하고 『동국문감東國文鑑』까지 편찬하여 남긴 지식인인 그가 당시의 여행기를 어딘가 기록했다고 보여 지지만 오늘날 전해지지는 않는다.

김심의 서역행과 미모의 위구르 여인

이제현이나 김태현과는 전혀 성격을 달리하는 또 하나의 고려인 마르코폴로가 김심金深(1262~1338)이다. 김심은 고려의 문벌귀족이자 다르마시리 카톤의 아버지이다. 그는 1313년에 행궁行宮을 받들어 대도大都에 있었다. 그 때 충선왕의 거취를 둘러싼 미묘한 정치 갈등이 나타났다.

그러자 그는 일단 충선왕에게 귀국을 종용했지만 충선왕에게 거부당했다. 두 사람 간의 갈등은 결국 황금씨족에 대한 항명과 능욕을 이유로 김심이 머나먼 중앙아시아의 임조부臨洮府에 유배되는 파국으로 끝났다. 충선왕은 코빌라이카간의 외손으로 황금씨족의 일원이었다.

김심이 머나먼 서역의 유배지로 떠날 때의 심정은 아무도 모른다. 그러나 그는 고통의 여행을 결코 잊을 수 없는 사랑의 여행으로 바꾸어 놓았다. 그는 머나먼 이역의 유배지에서 미모의 위구르 여인과 사랑에 빠졌다. 그때가 51세였다. 그리고 아들하나 딸 하나를 낳았다. 그가 위구르 여인 사이에 난 아이들을 언제 데려왔는지도 모르지만 그의 묘지명에 이들이 기록되어 있는 것을 보면 유배에서 돌아올 때 혹은 그 이후의 어느 시기에 데려왔다는 것은 분명하다.

원래 김심의 주변에는 여인이 많다. 그 역시 충렬왕 못지않은 호색의 남자임은 분명하다. 그런데 그런 그가 1321년 충선왕이 티베트로 유배될 때 머나먼 지방까지 따라가 전송하고 있다. 이때의 나이가 59세였다. 무언가 어울리지 않는 이 전송에 대한 기록이 그의 묘지명에 다음과 같이 수록되어 있다.

> 연우延祐 7년 경신년(1320)에 공이 대도에 있었는데, 이 해에 충선왕이 서역으로 가게 되자 따르던 신료들이 모두 다 도망하고 숨었으나 오직 공만이 의를 떨치고 홀로 나가 한결같이 곁에서 모시면서 먼 지방에까지 가서 전송하였다. 임금이 이에 지극히 감격하여 눈물을 흘리며 말하였다. "공이 전에 한 말을 듣지 않은 것이 후회된다. 그 말은 임금을 사랑한 충성이었다."

여기서 주목되는 것은 먼 지방에까지 가서 전송하고 더 이상은 따라가지 않았다는 것이다. 그가 간 먼 지방은 이전 그가 위구르 여인과 달콤한 사랑을 나누었던 임조부임이 분명하다. 임조부는 티베트와 중앙아시아로 나가는 갈림길에 위치해 있다. 무슨 사연으로 늘그막에 그곳을 다시 찾을 것일까. 남겨둔 아이들을 데려오려 한 것일까. 아니면 남겨둔 옛 사랑이 그리워 다시 찾아간 것일까. 김심의 서역 길에는 사랑하는 위구르 여인의 모습이 아지랑이처럼 어른거린다.

충선왕과 18명의 고려용사

마지막으로 소개하고 싶은 부분이 충선왕이 머나먼 티베트의 사까로 유배될 때 함께 따라간 박인간朴仁幹(?~1343)과 대호군大護軍 장원지張元祉 등 18인의 고려용사에 대한 이야기이다. 충선왕은 1320년 고려 출신의 환관인 바얀-터구스와의 알력으로 티베트로의 유배가 결정되었다. 1321년 유배가 집행되자 그간 충선왕에게 한없는 충성을 맹세했던 인물들은 갖가지 사연을 대며 혹은 말없이 중간에서 사라져 갔다. 고려의 재상이며 충선왕의 명으로 수시력授時曆을 고려에 전했던 최성지崔誠之(1265~1330)도 이 위기의 상황에서 동행하는 척 하다가 어느 날 슬그머니 사라졌다.

머나먼 티베트의 길

인간은 어려울 때 그 진면목을 알아본다고 했다. 오죽했으면 후대의 학자인 박지원도 그의 『열하일기』에 이 아름다운 18인의 용사이야기를 다음과 같이 소개하고 있다.

심양왕은 강남의 [유명한 절들에] 강향降香할 수 있도록 원나라 영종에게 허락을 청하였다. [충선왕은] 강소江蘇·절강浙江을 유람하면서 보타산寶陀山에 이르렀다. 이듬해에 또 강향을 청하여 금산사金山寺까지 이르렀다. [이에] 황제는 사신을 보내 '군사들은 [충선왕을] 옹위해 북쪽으로 모시고 올 것이며 또 본국까지 호송하라'는 긴급 명령을 전달했다. [그러나] 왕은 어기적거리며 즉시 떠나지 않았다. [그러자 분노한] 황제는 [그렇게 절이 좋다면 충선왕은] 머리를 깎고 불경을 공부하라고 명하면서 토번의 살사길撒思吉 땅으로 유배시켰다. 박인간 등 18명이 그를 따라 갔는데, 이곳은 연경에서 1만 5천리나 떨어진 곳이다.

충선왕이 티베트로 유배된 살사길은 사까의 음역이며 그 지방은 오늘날 라싸에서 남서쪽으로 약 400킬로 떨어진 사까薩嘎이다. 사까는 팍파Phags-pa(1235~1280)로 대표되는 티베트불교 사까빠Saskya-pa의 본거지이다. 그가 티베트로 유배될 때 박인간과 장원지를 비롯한 18명의 고려인들이 파란만장할 길을 동행했다. 위에 등장하는 18명의 고려용사들 중소위 배웠다는 사람은 박인간뿐이다. 그 나머지 인물들은 도저히 추적이 불가능할 정도로 미천한 신분의 고려인들이다.

티베트와 청해青海에 부는 서역의 바람

박인간과 그의 일행은 1321년 1월 충선왕을 따라 10개월에 걸치는 대장정 끝에 1321년 10월 27일에 사까에 이르렀다. 그리고 1323년 4월 2일 대칸의 명령에 의해 도메(감숙과 청해 지구)의 유배지로 옮기기 전까지 16개월을 그곳에서 보냈다. 그리고 도메의 유배지에서 1323년 10월 28일 사면령이 내리기 전까지 10개월을 또 보냈다. 사면령이 내리자 이들은 충선왕을 모시고 1323년 12월 8일 북경으로 돌아왔다.

이들의 티베트 여정은 오늘 날의 눈으로 보아도 파란만장한 한 편의 소설을 연상시킨다. 또 임금과 신하를 떠나 변함없는 우정의 길이 무엇인가를 보여주고 있다. 도망친 사람과 따라간 사람들, 박인간이 여행기를 남기지 않는 한 자체 기록이 불가능한 이 18인의 고려용사들은 무엇을 느끼며 또 이역의 사람들과 어떤 만남을 가지며 갔을까. 고려 최초의 티베트·청해 기행이라고도 할 수 있는 이들의 여정은 그야말로 한 편의 흥미진진한 드라마와도 같다.

마지막 충신 고려용사 박인간은 누구였을까

충선왕의 티베트·청해의 길에서 충선왕과 대화를 나눌 수 있는 지식인은 박인간뿐이었다. 『고려사』나 『고려사절요』에 기록된 것을 근거로 박인간의 행적을 살펴보면 다음과 같다. 그는 1315년 고시관考試官 이진李瑱이 주관한 과거에서 장원으로 급제했지만 그 해 원나라에서 행해진 과거시험에서는 탈락의 비운을 맛보았다.

이후 그는 직보문각直寶文閣으로 상왕上王인 충선왕을 따라 원나라에 갔다가 유배지까지 동행했다. 이후 1324년 지밀직사사知密直司事가 되고 진성병의익찬공신盡誠秉義翊贊功臣에 봉해졌으며, 이어 판밀직사사判密直司事가 되었다.

그리고 1341년 원나라가 충혜왕의 동생인 강릉대군 기祺(뒤의 공민왕)를 불러 입조하게 하자 정승 채하중蔡河中, 전첨의평리前僉議評理 손기孫琦 등 30인과 함께 수종하여 원나라에 갔으며 이곳에 있던 원자元子(이후의 충목왕)의 사부가 되었다가 그곳에서 숨을 거두었다.

그러나 위와 같은 행적만으로는 그가 누구인지 명료하게 알 수 없다. 그의 인간성을 알 수 있는 유일한 기록이 이제현이 남긴 "슬픔에 젖어 박인간을 보내다烏頭白送朴仁幹"라는 시이다.

　　까마귀 생김새 옻칠처럼 검다고
　　사람이 볼 때마다 모두 미워하지만
　　가련한 연단燕丹(진나라에 인질로 잡힌 연나라의 태자)의 서러움 풀어주려고
　　하룻밤을 애쓰고 나니 머리가 희어졌다네.
　　나는 일찍이 네가 태양 속에 있다는 것도 괴이하게 생각하고
　　또 서왕모西王母가 너를 부렸다는 말도 허망하게 여겼더니
　　지금에야 비로소 재잘거리는 새들 중에
　　일편단심 너 같은 새 없다는 것 깨달았네.
　　지저귀면서 날아왔다 또 날아가면서
　　반포反哺(효도)하느라 우거진 숲 속에서 온갖 고생하네.
　　들어오면 효자요 나가면 충신이니
　　아아! 너는 새 모양을 한 사람이네.
　　세상사람 누가 가히 너의 행동 따르겠는가.
　　차라리 사람의 옷을 네가 입어라.

　이 시를 유심히 들여다보면 그는 분명 무언가 사연이 있는 인물임에 분명하다. 그러나 그 사연이 무엇이었던 간에 그는 "한번 좋다고 말한 뒤에는 고통을 말하지 않는다!"는 칭기스칸의 군대와 같은 좌우명을 지닌 인물이었음은 분명하다.

에필로그:

백남준과 칭기스칸의 복권

백남준(칭기스칸의 복권, 1993)

1곡, 756년(칭기스칸 역법): 황색 재앙! 그것이 바로 나다.

백남준아트센터 총체미디어연구소(편), 『백남준의 귀환』, 2009

　백남준白南準(1932~2006)은 한국이 낳은 세계적인 예술가이자 철학
자이다. 그는 1962년 독일의 파르나스 갤러리에서 개최된 "음악의 전
시-전자 텔레비전Exposition of Music - Electronic Television"을 통해 비디오아트
라는 새로운 예술세계를 선보였다. 그는 이 전시회에서 피가 뚝뚝 흐르
는 소머리를 내걸면서 "짐은 곧 황색공포yellow peril"라는 세계정복선언
을 했다.

　마치 그 옛날 대몽골제국의 칭기스칸이나 그 후계자들이 말했던 "영
원한 하늘의 힘으로 해가 뜨는 곳에서 해가 지는 곳까지 모든 땅은 나에
게 항복했다"라는 세계정복선언을 다시 듣는 것 같은 전율을 느낀다. 즉
오늘날의 예술은 백남준의 명령에 복종할 것이며 그것을 준수하지 않을
경우 파멸만이 있을 것이라는 경고와 같다.

　백남준은 생전에 자신의 예술세계가 북방문화원형에서 출발했다는

것을 여러 번 밝힌 바 있다. 그 대표적인 예가 다음과 같은 말이다.

> 난 몽골을 좋아해. 몽골 사람들하고 우리들하고 3천 년 전에 헤어졌는
> 데, 그 3천 년 전 우리 것을 몽골사람들이 보존하고 있어요. 난 공자,
> 노자, 이런 사람들 이전을 좋아해요. … 그리고 후대에 내려올수록 역
> 사가 엉터리입니다. 대부분 읽고 생각해볼 가치가 없는 쓰레기들뿐입
> 니다.

그는 이후 이 사실을 아예 로제타 돌비석을 패러디한 '고속도로로
가는 열쇠(1995년)'에다 독일어로 "나는 내 핏속에 흐르는 시베리안-몽
골리안 요소를 좋아한다."라고 새겨 버렸다.

백남준의 유라시아-알타이 문화권에 바탕을 둔 북방문화원형적인
사고패턴은 그의 행적을 추적할 경우 이미 청소년 시절부터 형성되고
있음이 나타난다. 그리고 1970년대에 이미 정주유목민Sationary Nomad이
란 개념으로 완성되었다. 이는 현대의 대표적인 철학자의 하나인 들뢰
즈G.Delevze(1925~1995)가 21세기의 사상으로 리조믹 노매드rhizomic nomads
를 주창한 시기보다도 빠르다.

들뢰즈는 1980년에 출판된 『천개의 고원Mille plateaux』에서 「1227년 -
유목론 또는 전쟁기계」라는 항목을 통해 유라시아-알타이 문화의 특징
을 리조믹 노매드로 요약하면서, 이 이념이 21세기 현대의 인류가 열어
나가야 할 정신적 지도와 그를 뒷받침해 주는 시대의 철학으로 되어야
한다고 주장하고 있다. 오늘날 등장한 예술인류학의 "야성적 사고"도
사실 조화와 융합을 내세웠던 유라시아-알타이 문화권의 원초적 사고

방식이라 할 수 있다.

　그의 북방문화원형적 사고패턴을 보여주는 대표적인 예술작품이 1993년 베니스 비엔날레에서 전시된 몽골 게르이다. 몽골 게르는 북방 문화원형을 이루는 고유의 사유체계가 한 곳에 집약되어 상징화된 복합 구조물이다. 유라시아-알타이 문화권이 지닌 신화의 영혼과 문명의 지문이 가장 잘 보존된 곳이다. 당시 이 작품의 의미에 대한 각국 사람들의 질문에 그는 "부처님의 등불영상으로 둘러싸인 나의 데스마스크와 무덤이 있다"는 상징적인 말로 대답했다. 백남준은 이후 2000년 서울의 로댕갤러리에서 "몽골의 텐트"란 예술작품을 발표할 정도로 몽골 게르에 대한 애착이 강했다. 왜 그는 고구려의 여신 유화를 생각나게 하는 몽골 게르에 그토록 집착했을까.

　백남준의 길은 북방문화원형에서 출발해 세계통합제국을 건설한 칭기스칸의 길과 매우 유사해 보인다. 백남준과 칭기스칸의 관계는 1993년 베니스비엔날레에서 선보인 칭기스칸의 복권이란 작품을 통해 연결되어 있다. 칭기스칸의 복권은 13세기 속도전으로 과거의 세계를 제패한 칭기스칸과 비디오아트라는 빛의 속도전으로 현재의 세계를 제패해 가고 있는 자신을 동일시한 것일지도 모른다.

　1962년 백남준이 선언한 세계정복선언인 황색공포는 1984년에 발표한 "굿모닝미스터 오웰"을 통해 완성되었다. 즉 기존의 관념과는 전혀 다른 비디오아트라는 예술세계가 실제 인류에게 전개된 것이다. 이는 1189년 칭기스칸이 푸른 호수의 서약을 통해 황색공포의 도래를 예시하고 1206년 대몽골제국을 선포함으로써 실행에 옮긴 것과 매우 유사하다.

몽골게르(베니스비엔날레,1993)

　이미 비디오아트라는 새로운 예술세계는 마치 샤만의 거울처럼 모
든 인류의 영혼을 컨트롤하고 있다. 북방문화원형에서 샤만은 이탈함
separation으로써 비극적인 위대함과 아름다움을 동시에 지닌 정신의 위기
spiritual crisis를 연출한다. 그리고 그를 통해 자신과 주변인들에게 새롭고
참된 삶을 선사한다. 그는 칭기스칸과 마찬가지로 이러한 역할을 통해
온 인류가 혼혈잡종문화 속으로 들어가도록 원했던 것은 아닐까.

백남준과 칭기스칸과의 관계를 최초 주목한 학자는 2009년 백남준 아트센터 관장이었던 계원대 이영철 교수이다. 그는 그해 여름 백남준의 예술작품에 칭기스칸의 냄새가 강하게 난다며 「천개의 고원」 1227년의 실제 무대인 몽골에 가서 두 사람의 영혼이 조우하기를 원했다. 그래서 그와 나, 박정진 교수, 강성몽 예술 감독 등 관련분야의 전문가 몇 사람과 함께 백남준의 영정을 들고 몽골의 푸른 호수, 허더어 아랄, 바

백남준과 바이칼 보르칸 바위

이칼의 샤만 바위를 다녀왔다.

그리고 북방문화원형의 상징성이 강한 바이칼의 샤만 바위에서 계원대 이동은 교수의 낭독으로 바이칼의 전설이 담긴 "시투엔-티멘, 그 성스러운 샤만이 부르는 비원의 노래"를 백남준의 영정에 바쳤다. 그리고 이 시는 백남준의 유치원 친구인 이경희 여사에게 헌정되었다.

　　　　아, 성스러운 신화의 섬 올홍!
　　　　하늘의 눈물이 메말라
　　　　나무가 많지 않은
　　　　작은 숲을 가진 섬 올홍이여!
　　　　앙가라의 눈물이 메말라
　　　　우리의 눈물로 속죄한
　　　　메마른 땅의 작은 숲이여!

　　　　모두 다 들어라.
　　　　바람을 타고 넘어 다다른 곳,
　　　　섬 안의 섬 바다 안의 바다 올홍에서
　　　　누가 앙가라를 위해
　　　　눈물 섞인 속죄의 노래를 부를까.
　　　　오늘 내가 푸른 하늘을 향해 두 손을 벌리며
　　　　슬픈 비원의 노래를 부르리라.

　　　　이 노래를 부르는 날이 어느 날인가.

바람 부는 날이면

더욱 거센 바람을 부르리라!

눈이 오는 날이면

더욱 거센 눈보라를 부르리라!

메마른 날이면

앙가라의 자다를 우리의 피에 대리라!

안개 낀 날이면

우리 모두 손을 잡고 불을 지피리라!

이 노래를 부르는 때가 어느 계절인가.

철새가 날아오는 봄이라면

우린 송골매를 잠재우리라!

비가 오는 여름이라면

앙가라가 잠든 곳에 코시(천막)를 치고 누우리라!

자작나무의 눈물이 날리는 가을이라면

차가의 혹처럼 떠나지 않으리라!

눈보라가 휘몰아치는 겨울이라면

우리 어깨 위에 쌓이는 눈을 털지 않고

녹지 않는 얼음을 만들리라!

우리가 찾을 수 없는 계절이라면

언제나 그대 있는 곳에 그대가 원하는

그대의 풍경이 되어 주리라!

내가 지쳐 쓰러지면

누가 나의 바람이 되어

내 곁에 머물까.

차가운 땅에 누워있는 나에게

누가 힘이 되고 그늘이 되어줄까.

그대 있는 곳은

그리움으로도 이르지 않을 먼 곳이라지만

나는 피리소리 같은 영롱함으로

오랫동안 너의 아름다움을 노래해 왔노라.

아름다운 목소리를 지닌

올훙의 처녀가 너를 향해 우노라!

오직 그대에게만

마음의 문을 열어주기 위해 슬피 우노라!

새벽녘엔

그대를 깨워주는 서늘한 바람이 되고

한 밤에는

밤하늘의 뜬 무수한 별처럼

숱한 그리움을 속삭여 주리라.

그러나 해지는 안개비의 날에는

처녀가 지닌 사랑의 눈물이

감추어지지 않으리라.

올홍의 처녀여,
이제 뛰어내려 앙가라의 자다가 되어라!
보르칸의 절벽 머나먼 곳에
처녀의 얼굴이 어린 바위가 솟아나리라!

앙가라 강에 그대가 흐르리라!
이 강물이 마르지 않는 한
그대가 기억하는 생의 모든 순간들,
그 사랑과 슬픔과 애절함을
저 바위가 노래하리라!

바이칼의 물이 없어지지 않는 한 백남준도 칭기스칸의 이름도 사라지지 않을 것이다. 백남준의 예술세계에서 삼천리 표 자전거를 탄 로봇 전사로 재탄생한 칭기스칸은 항상 핍박받고 서러워하는 가난한 자들의 입장에서 세계를 바라본 인물이다. 그는 늘 이런 말을 했다.

마음을 잡는 자가 세상을 잡는다!

칭기스칸 역사기행

칭기스칸의 사계

1판 1쇄 펴낸날 2017년 3월 30일

지은이 박원길

펴낸이 서채윤 펴낸곳 채륜서
책만듦이 오세진 책꾸밈이 이현진

등록 2011년 9월 5일(제2011-43호)
주소 서울시 광진구 자양로 214, 2층(구의동)
대표전화 02-465-4650 팩스 02-6080-0707
E-mail book@chaeryun.com Homepage www.chaeryun.com

ⓒ 박원길. 2017
ⓒ 채륜서. 2017. published in Korea

책값은 뒤표지에 있습니다.
ISBN 979-11-85401-26-3 03910

이 도서의 국립중앙도서관 출판예정도서목록(CIP)은 서지정보유통지원시스템 홈페이지 (http://seoji.nl.go.kr)와 국가자료공동목록시스템(http://www.nl.go.kr/kolisnet)에서 이용하실 수 있습니다. (CIP제어번호 : CIP2017006675)

채륜서(인문), 앤길(사회), 띠움(예술)은 채륜(학술)에 뿌리를 두고 자란 가지입니다.
물과 햇빛이 되어주시면 편하게 쉴 수 있는 그늘을 만들어 드리겠습니다.